文化叢刊

當代三大民主理論

郭秋永 著

自序

　　依據1950、1960年代多數政治學者的見解，有關民主政治的理論著作，雖然多如過江之鯽，但基本上約可分成兩大類別。其中一類乃是經驗性的民主理論，另外一類則是規範性的民主理論。前一類的民主理論，著重於描述既有的民主政治系統，進而解釋其實際運行的根本法則；後一類的民主理論，著眼於批判既有的民主政治系統，從而詮釋其應該遵循的運行理則。換言之，經驗性的民主理論，只問事實不問價值；規範性的民主理論，只管價值不管事實。然而，這種分類的正當性，在1970年代以後，漸漸受到政治學者的質疑。

　　1970年代以降，中、外政治學者逐漸相信，事實與價值之間絕非截然分割而毫無關係，或經驗命題與規範命題之間絕非涇渭分明而互斥對立。因此，整合經驗性與規範性兩種民主理論的呼聲，也就平地而起、響徹雲霄。究實而言，經驗性民主理論與規範性民主理論之間的斷然分割，雖然促成各自領域的縱向深度、從而造就了術業有專攻的專家學者，但也斷絕彼此之間的橫向發展、進而養成了劃地自限的心態，甚至導致各是其是的對立陣營。顯而易見的，經驗性與規範性兩種民主理論的整合工作，乃是一件刻不容緩的當務之急。

　　然而，三十幾年來，整合之「言」，雖然仍舊此起彼落、不絕於耳，但整合之「行」，卻原地打轉、舉步維艱。依據筆者的膚淺體會，長久以來的言行不一，使得政治學者信口高談整合的大道

理時，內心深處卻不免害怕聽者提出如實照辦的要求。一般而言，政治學者陷入這種困境的原因，固然是多方面的，但價值與事實之間糾葛纏繞而難以爬梳的複雜關係，則是其中一個十分重要的理由。筆者不揣譾陋，近幾年來一直試以「政治參與」為主軸，分就經驗性與規範性兩種民主理論的立論基礎與理論建構，探究當代幾個各勝擅場的民主理論，進而冀能或多或少澄清事實與價值之間的複雜關係。本書所收集的文章，就是這幾年來的一些研究成果。經驗性與規範性理論的整合之路，既崎嶇又漫長，但終須勇敢邁步前行。希望筆者的愚勇，能夠發揮拋磚引玉的效用。

本書第二、三、四章，曾獲行政院國科會「專題研究計畫」補助，這三章與第五章曾得該會的「研究獎勵」，專此致謝。第二章曾在「民主理論專題研究學術研討會」中宣讀（民國86年7月29日），會中渥蒙朱師堅章擔任評論並惠賜卓見，其後正式發表在《行政學報》（中興大學公行系，民國87年8月，第29期，頁1-60）。第三章曾在「民主理論專題研究小型學術研討會」（民國87年7月31日）與「中國政治學會八十八年度年會暨學術研討會」（88年1月16日）中宣讀，會中承蒙許國賢教授與陳文俊教授擔任評論並惠示高見，其後正式刊在《問題與研究》（政治大學國關中心，民國88年6月，第38卷，第6期，頁63-93）。第四章即將登在《人文及社會科學集刊》（中央研究院中山人文社會科學研究所，民國89年）。第五章曾在「民主理論：古典與現代」學術研討會中宣讀（民國82年8月25日），會中渥蒙呂師亞力擔任評論並惠賜卓見，其後正式收錄在張福建、蘇文流主編的《民主理論：古典與現代》（中央研究院中山人文社會科學研究所，民國84年6月，頁371-407）。

郭秋永　誌於南港抱梅軒
2001年8月9日

目次

第一章

導論

　　一般人大都自以爲瞭解「民主政治」的意義，直到被人究問之後，方才驚知它是一個不容易說清楚、講明白的概念。青年學子大都好談一個「放諸四海而皆準」的民主理論，直到埋首書堆之後，方才驚知書中充滿著各色各樣「放諸四海而皆準」的民主理論。套用18世紀德國哲學家Immanuel Kant著名的問句：這如何成爲可能呢？假使「民主政治」（或「民主」）專指政治上的意義，而非泛指「生活方式」之類的廣泛意義，那麼我們或可先行簡評一般性與專業性兩種民主判準，然後再就這個問題試作解答。

一、一般性的民主判準

　　提起民主政治，一般人不免想到「民有、民治、民享」。美國第16任總統Abraham Lincoln在1863年蓋茨堡演說中所揭櫫的這三項要素，人人耳熟能詳，似能掌握民主政治的真諦。然而，民主政治就是「民有、民治、民享」嗎？稍加思辨，各種仁智之見，也就逐一浮現，甚至層出不窮。這三項要素中的「民」（people），到底意指什麼呢？它至少可作下述幾種詮釋：每一個人；多數人；絕對多數之人；相對多數之人；有限多數之人（受到「少數人的權

利」所限制的多數人，例如，不能透過多數同意就剝奪少數人的特定權利）；普羅階級（例如「人民民主」中「人民」的意義）；一個不可分割的有機整體（例如「人民意志」或「人民精神」中「人民」的意義）。那麼，「民有、民治、民享」中的「民」，究竟應作何種詮釋呢？顯然的，這是一個見仁見智而不易答覆的問題。

進一步說，什麼是「民有」（government of the people）呢？一般而言，它也可作下述幾種詮釋：人民的政府；人民乃是政府統治的對象；人民擁有政府或政府屬於人民；人民引導政府；人民選擇政府；政府基於人民的同意；政府逕向人民負責；人民共有主權。無庸置疑，上述每一項詮釋，各都隱含著不盡相同的種種意義，從而可作更加細緻的引伸或推演。那麼，我們應該選取哪一個詮釋呢？同樣的，這也是一個各說各話而難以作答的問題。

再進一步說，什麼是「民治」（government by the people）呢？它意指「人民自行治理」嗎？大體而言，自治範圍與自治強度之間呈現出一種反比關係；自治範圍越小，自治強度就越大。當範圍僅及個體言行時，個體確能達成相當強度的自治；當範圍指涉一大社群時，例如西元前5世紀的雅典，自治程度頓告下降，而需轉成「輪流式」的自治，意即公民彼此之間輪流主政、交替地自行治理；當範圍擴大到諸如州、省單位時，自治或許只具「反中央集權」或「地方分權」的意義；當範圍伸展到諸如法國、英國之類的國家時，「自治」立即淪為一個不適當的語詞，而應代以其他語詞，例如「委託治理」或「間接治理」。如此說來，「民治」也是一辭多義而又含糊不清的語詞。

概括而言，比起「民有」與「民治」兩個語詞，「民享」（government for the people）一詞的意義，似乎較無爭議。它應該意指，統治的目標端在於謀取全體人民的福祉。然而，除了民主政

治之外，任何型態的政治，皆能且經常宣稱「民之所欲，常在我心」，或致力於增進全體國民的幸福。如此說來，「民享」似乎也不足以作爲民主政治的區分判準。或許，運用「民有、民治、民享」而來說明「民主政治」，無異於使用三個十分抽象的概念來闡釋一個也是高度抽象的概念，因此雖然意象豐富而顯得氣象萬千，但卻失諸籠統含糊，正如「東邊晴來西邊雨，道是無情卻有情」這類的詩句一樣。果真如此，那麼我們也許可以運用比較明確的判準，例如「多數統治」與「政治平等」，來說明「民主政治」的意義。

然而，民主政治就是「多數統治」或「多數作主」嗎？就以今年我國總統大選來說，全國人口約計23,00萬人，其中15,462,625人具有投票資格，實際上參與投票的公民高達12,664,393人（投票率82.69%）。總統候選人陳水扁先生得到4,977,737票，在五組候選人中脫穎而出當選總統。陳水扁先生的得票數，占實際投票總數的39.3%，占所有公民人數的32.1%，占全體國民人口的21.6%。試問基於32.1%公民或21.6%國民的同意而組織政府以行統治這一事實，能夠稱爲「多數統治」或「多數作主」嗎？答案顯然是否定的。退一步說，或許我國正處於「民主化」的過程中，目前尚未達到成熟民主國家的階段，因而不太契合「多數統治」或「多數作主」的衡量標準。果真如此，那麼我們就用同樣標準來衡量素以民主著稱的美國。依據晚近的統計資料（參見Lijphart, 1997: 5-6），在1980年代與1990年代，美國總統大選的投票率，約在50%至55%之間，期中選舉的投票率，約爲35%左右，地方性選舉的投票率，則在25%上下。在如此低落的投票率之下，當選票數占全體選民或人口的百分比，當然更低，從而遠比我國更不符合「多數統治」或「多數作主」的判準！

　　民主政治就是講求「政治平等」而有別於君主專制或獨裁統治的一種政府體制嗎？Pericles時期的雅典，乃是古代民主政治中的一個典範，但31萬居民中竟然只有4萬人（12.9%）才能享有公民權利，奴隸、婦女、非雅典人，以及大部分商人等，概屬沒有資格參加「公民大會」（assembly）的次等居民（參見Dahl, 1970: 69-70; 1982: 8-9）；20世紀的英國，則是當今民主政治中的一個典型，然而仍有一個家族、正在持續享受著繼承王位的特權。顯而易見的，不論是古代或是當今的老牌民主國家，都不符合「政治平等」的民主判準！

　　如此說來，許多眾所公認的民主國家，不論是古代的、或是當代的，似乎都不符合「多數統治」或「政治平等」的明確判準，而難以號稱民主政治。可是，十分弔詭的，在20世紀中，一些箝制人民甚力的國家，不管是共產主義的國家，或是法西斯主義的國家，還是納粹主義的國家，皆口口聲聲高唱「人民民主」，進而宣稱「人民民主」遠優於「資產階級民主」，甚至侈言「民主集權」。難怪當代著名政治學家Giovanni Sartori曾經嘆道（1987: 6），直到1940年代，世人方才知道「民主政治」是什麼，從而喜好它或厭惡它；不幸，自此以後，絕大多數人雖然愛好「民主政治」，但卻不再明白或同意它是什麼了。

二、專業性的民主判準

　　從上節看來，運用一些眾所周知的判定標準，似難釐清「民主政治」的意義，那麼改弦易轍、藉助一些政治科學家的實證研究，或許能夠抽絲剝繭，而不再陷於「剪不斷、理還亂」的困境。一般而言，有關民主政治的實證研究，大體上可以追溯到奧地利

經濟學家Joseph Schumpeter在1942年問世的《資本主義、社會主義及民主政治》（*Capitalism, Socialism and Democracy*）。

在這本名著中，Joseph Schumpeter一方面抨擊所謂的「古典民主理論」，另一方面則高舉實證研究的大纛。根據他的觀點，古典民主理論家所說的民主政治，基本上就是一種民主方法（democratic method），從而可以界定如下：「乃是用以達成各項政治決定而實現公善（common good）的一套制度安排；此套制度安排，透過人民選出會議代表以執行人民意志（will），而使得人民自行決定諸項議題」（Schumpeter, 1994: 250）。Joseph Schumpeter指出，所謂人民的「公善」與「意志」，純屬古典理論家的虛構之物，既不足以充當理論基石，又不能訴諸實證研究，徒供政客推卸責任之用罷了。一個契合政治真實的民主政治概念，雖然也是一種「民主方法」，但應該根據民主事實而界定如下：「乃是用以達成各項政治決定的一套制度安排；在這套制度安排中，諸個體經由競取選票而獲得權力」（Schumpeter, 1994: 269）。依照他的說明，這個符合實情的民主政治的界說，強調當今世上民主國家中的三項事實：競選者透過公開競爭方式而獲得權力、當選人決定並執行政策、一般公民既能產生又能更易政府。

Joseph Schumpeter所提出的這個界說，自非概括無餘、亦非無可挑剔，但對力求科學化或量化的民主政治研究，卻發揮出十分強烈的催化效用，尤其在1950、1960年代「行為主義」（behavioralism）風起雲湧時，更被奉為圭臬，即使時至1990年代，仍是一些「政治科學家」的論述所本（請見Huntington, 1991: 5-11; 1997: 6-7; Vanhanen, 1997: 30）。

無論如何，依據此一界說，在民主政治的實證研究上最易取得的材料，莫過於選舉資料，因此國家領導人是否透過競爭性定

期選舉而選出，便為「民主國家」的一個重要指標，甚至所有成年人是否具有投票權，竟然成為「民主國家」的唯一指標（請見Dahl, 1998: 8, 圖二）！換言之，在精確的量化要求之下，只要一個國家的所有成年人都有投票權，或者只要一個國家的領導人乃是透過競爭性定期選舉而選出，那麼該國便是一個民主國家。乍看之下，這種精確無比的民主指標，好像是一個十分單純而可輕易達成的「低標」，實際上卻是一個索求過多的「高標」，從而至少產生三個令人難以苟同的測量結果（參見Mueller, 1992: 984-7）。第一，根據「所有成年人是否具有投票權」的指標來測量，在20世紀前，世界上根本沒有民主國家；即使是老牌民主國家的瑞士，直到1971年，才因開放婦女投票權而符合標準。第二，一向被人視為推行民主政治的香港與墨西哥，在「國家領導人是否透過競爭性定期選舉而選出」的指標之下，就非實行民主政治了。第三，一些民主程度不高的國家，例如土耳其、印度、斯里蘭卡、哥倫比亞等國家，雖然契合選舉項目的指標，而被歸類為民主國家，但在言論自由、結社自由及公民權利等更為重要的民主項目上，卻遠不及其他民主國家。換句話說，在世界各國中，有些國家的民主程度，確實參差不齊，甚至頗為懸殊，但在選舉項目的指標之下，竟然可以平分秋色而同樣貴為民主國家。簡單說，由這三個測量結果看來，「國家領導人是否透過競爭性定期選舉而選出」或「所有成年人是否具有投票權」，雖是測量民主政治的精確指標，但並非適用的指標，至少不是唯一的衡量項目。

顯而易見的，除了競爭性選舉項目之外，實證研究者應將言論自由、結社自由、新聞自由等項目，包含在測量民主政治的指標之內。因此，Kenneth Bollen曾經建議實證研究者應該根據「主權在民」與「政治自由」兩個向度（dimensions），分別建構出新聞

自由、組織反對黨的自由、政府制裁、公平選舉、民選首長……
等指標,而來測量世界各國的民主程度(參見Bollen, 1980, 1990)。
Mark Gasiorowski則認爲法治、官方意識型態、言論自由、結社自
由、政黨數目與性質,以及選舉等,才是測量民主政治的適當指
標(Gasiorowski, 1990)。Larry Diamond先將民主政治分成「選舉
民 主」(electoral democracy)與「自 由 主 義 式 民 主」(liberal
democracy),然後再按照「自由主義式民主」的三大要求與九大
特徵,建構出一系列的民主指標。然而,一旦在精確的選舉指標
之外,另行引入一些諸如政治自由、司法獨立、新聞自由、結社
自由之類的判準或指標,則將陷入如何測量各項自由或權利的爭
議,正如落入「公善」或「人民意志」的爭論窠臼中,從而使得
力求明確指標的期望,頓成鏡花水月。簡單說,1950、1960年來,
實證研究者先在「科學化」的要求下,力圖民主政治的精確測量,
從而排斥難以度量的一些抽象觀念,其後則在質量應該並重的反
省下,特將先前棄如敝屣的一些抽象觀念,重新引入實證研究,
因而落入爭論不休的窠臼中。

三、本質上可爭議說

　　從上述兩節看來,不論訴諸一般的觀念或是憑藉專家的研
究,似乎都是難以掌握「民主政治」的真諦。依據筆者的淺見,「民
主政治」一辭,至少具有二千五百餘年的歷史,其內涵與外延,
自然與時推移,絕不可能一成不變,因此當然不易捕捉其中精義。
換句話說,歷時久遠的「民主政治」,誠在不同時空中顯現出不同
的意義;古代雅典的民主政治,當然有別於現代的希臘;柏拉圖
《共和國》一書中的民主政治,自然不同於盧梭的《社約論》。假

使歷經兩千餘年的探討與演變,「民主政治」一直紋風不動而固持原本意義,那才教人不敢置信呢!

　　然而,假使特定語詞可在不同時空中呈現出不同意義,那麼不同時空之人為何一直沿用同一個語詞呢?倘若「民主政治」誠在不同時空中顯現出不同意義,那麼每當探討或說到「民主政治」時,我們能夠確定正在討論相同事理或現象嗎?在方法論的研究領域上,一些學者運用「本質上可爭議說」(thesis of essential contestability),而來紓解這種困惑(參見郭秋永,1995)。

　　什麼是「本質上可爭議說」呢?我們先行引述一個簡單的例子。假設甲、乙兩人皆同意雇主分別清洗整個公司的一半窗戶,而可以各得五千元。再設甲家庭窮困、需錢孔急,乙家庭富有、不愁吃穿。又設甲花了一個小時擦完整個公司的一半窗戶、但其清潔效果差強人意;乙用了兩個小時擦完另外一半窗戶、完成毫無瑕疵的清潔工作。那麼,如何給付報酬,才算合乎「公道」或「正義」的概念呢?若依「各得約定所與」的詮釋,則甲、乙兩人各得五千元。若依「各得所值得」的詮釋,則乙應比甲獲得更多報酬。若依「各得所需」的詮釋,則甲應比乙得到較多的酬勞。總之,雇主究竟應該依據那一種詮釋而來給付酬勞,才算合乎「公道」呢?從這個例子,我們可以看出,「公道」概念乃是一個「本質上可爭議的概念」(an essentially contestable concept):它具有一個核心意義,例如「各如其分」,但此一核心意義,卻可作不同的詮釋,例如「各得約定所與」、「各得所值得」,以及「各得所需」,並且這三種互異的詮釋,各自奠基在不同道德觀之上而皆能言之成理。如此說來,所謂「本質上可爭議說」乃由下述三個論點組成:

a）對於所在爭議的一個重要概念，諸位使用者皆能同意它具
有一個「共同核心」。

b）諸位使用者確認該概念的適當用法，乃是「可爭議的」
（contestable），而且通常已在爭議（contested）。

c）該概念的用法爭議，在性質上乃是無止境的。

上述第一個論點乃在確立各造所在爭議的概念，具有一個共同的論說基點，而非風馬牛互不相干之事。顯而易見的，僅當爭議諸造乃就相同事理而各自立論，他們的爭議才具旨趣，否則易於淪爲捕風捉影的漫天胡說。第二個論點端在指出，所在爭議的重要概念，不但具有各種用法或容許各種詮釋，並且其適當用法或適當詮釋乃是「可爭議的」，而通常已有爭議。去說一個概念的適當用法或詮釋是「可爭議的」，乃在指涉概念本身的性質；去說它「已有爭議」，則在陳述一件實際上的事態。第三個論點乃在指明，由於概念本身的固有性質，因此使得其適當用法或詮釋的爭議，無法完全憑藉理性來加以解決，從而陷入無可逃避或永無休止的困境。不能完全訴諸理性以解決爭議的緣故，乃因各個自詡爲適當的用法或詮釋，分別奠基在不同的「價值假定」或「哲學立場」或「道德觀」或「政治觀」。

追根究柢來說，我們不容易講清楚「民主政治」的意義的理由，固然是多方面的，但它本身正是一個「本質上可爭議的概念」，則爲其中最重要的原因。本章上文指出，不論訴諸一般的觀念或是憑藉專家的研究，似乎都是難以掌握「民主政治」的真諦。然而，不管採取一般觀念中的哪一種詮釋，也不論採用專家研究中的哪一個指標，各位使用者或爭議諸造於不知不覺中，皆在同意「民主政治」這一重要概念具有一個「共同核心」，否則所在論說

或詮釋的,就非「民主政治」,而是毫無交集的各說各話了。依據筆者的淺見,「民主政治」這一概念的共同核心,就是政治參與──公民參與政治!

我們試以西元前五世紀的雅典來說,其民主政治的核心制度,根本上就是所有公民都有權利參加「公民大會」,而直接決定重要政策。除此以外,全體公民也有資格參加抽籤、以期出任「審議委員會」委員,從而按月輪流主持「審議委員會」,決定經常性的政治事務。簡單說,公民直接參與政治,正是古雅典民主政治的核心成分。這樣的政治參與,也是古羅馬「共和國」的核心制度(參見Dahl, 1998: 13-15)。

大體而言,自古代雅典、羅馬之後,民主政治的實踐,便在一大段漫長的人類史中銷聲匿跡。然而,至少從18世紀以降,「政治參與」便是歐、美政治生活中一種十分重要的現象。近二、三百年以來,歐美各國主要政治制度的種種變革,例如專制政體轉變為民主政體、朋黨傾軋改變成政黨政治、以及有限選舉權更改為普遍選舉權等,幾乎都以「政治參與」為其樞紐,從而建立起人民和政府之間的各種關係。有些政治學者甚至指出,19世紀以降的歐洲政治史,本質上就是一部「政治參與」之正規管道的發展史(參見Nie and Verba, 1975: 31; Verba, Nie and Kim, 1980: 2-5)。按照他們的見解,西方民主政治的演化,實際上沿循兩種方式逐漸進行。其中一種方式乃是,「政治參與之權利項目」的逐漸增加,例如選舉權、請願權、訴願權、擔任公職權及結社權等權利的逐一添增。另一種方式則是,分享「政治參與權利之人數」的逐漸增多,例如選舉權的歷史,便是漸漸取消經濟條件、教育程度、種族及性別等限制,從而使得享有選舉權的人數,逐步提高,終至成為全體公民所共享的一個過程。顯而易見的,不論在初期的

民主政治中,或在民主政治的轉型中,還是在成熟的民主政治中,「政治參與」皆居核心地位而具有無與倫比的重要性。

　　「政治參與」雖居民主政治的核心地位,但在歷經兩千餘年的演進中,自然蘊含著互有出入的不同詮釋,也分別衍生出不盡相同的制度。大體而言,除了「虛擬參與」、「部分參與」、以及「完全參與」等所謂工業民主(industrial democracy)中的參與行為外(請見Pateman, 1970: 67-85),這些互有出入的不同詮釋,主要上計有下述三種。第一種詮釋沿襲古雅典的原本意義,認為「公民參與政治」就是所有公民直接參與政府政策的制訂與執行,治者與被治者(一般公民與政治菁英)合而為一。第二種詮釋就是當今最為風行的觀點。依據這個主流詮釋,「公民參與政治」乃指所有公民間接參與政府決策的各種自願性行為。在這種詮釋之下,民主政治系統內的成員,基本上分成兩類;其中一類乃是少數的政治菁英。另外一類則為多數的一般公民。政治菁英內的成員,雖是民主政治系統中的少數人,但卻具有垂直流動的可能性,而非不動如山地長久屬於特定家族或階級。多數的一般公民,透過參加投票、競選活動、示威遊行、靜坐抗議、請願申訴、發放傳單、罷工運動、電話聯絡、寫信致意等等的自願性行為,影響政府政策或人事,從而「控制」政治菁英。第三種詮釋則是晚近興起的一個觀點。依據這種新觀點,「公民參與政治」應該也要包含「動員性參與」(mobilized participation)。所謂的「動員性參與」,乃指一般公民基於效忠、或愛戴、或尊敬、或懼怕政治菁英,或者基於政治菁英給付的某種好處,而被誘導去參加各種影響或強化政府政策或人事的活動;對於其行為會給政府造成何種影響,他們不感興趣,甚至未必瞭解。在這種詮釋之下,政治菁英「控制」一般公民。我們運用下述條列方式,總括上文的主要論點:

a) 「民主政治」乃是一個本質上可爭議的概念。

b) 歷來使用者應該都會同意「民主政治」具有一個共同核心，此即「公民參與政治」或「政治參與」。

c) 歷來使用者應會確認此一共同核心的適當用法或詮釋，乃是「可爭議的」，而在實際上「已有爭議」。長久以來，這些已有爭議的詮釋，至少計有下述三種。

> 1. 「公民參與政治」即指一般公民直接參與政府政策的制訂與執行；公民本身就是政治菁英。

> 2. 「公民參與政治」乃指一般公民間接參與政府決策的各種自願性參與行為；一般公民「控制」政治菁英。

> 3. 「公民參與政治」是指一般公民間接參與政府決策的各種動員性參與行為；政治菁英「控制」一般公民。

大體而言，堅持第1種詮釋之人，通常排斥第3種詮釋，但未必排除第2種詮釋。固持第2種詮釋之人，一般都會排斥第1與第3種詮釋。主張第3種詮釋之人，不會排斥第2種詮釋，但會排除第1種詮釋。然而，值得注意的，第1種詮釋與第2、3種詮釋，不但分別奠基在兩種互異的「政治見解」，並且各別訴諸不同的「價值原則」，從而形成強烈的對照。

就第1種詮釋所憑藉的「政治見解」而言，「政治」乃是人們力圖互惠地生活在一起的方式。這樣的「政治見解」，要求公民時常聚集一起，設定一些足供探討的議題，從而各抒己見、相互討論、共同決策，期能解決彼此之間的可能衝突，並希望能將私利

轉化成爲公善。換而言之，爲了促成公善，各個公民應該平等參與決策過程，互信互賴以進行公開溝通，從而作成公平分配資源的各種決策，並付諸實行。依據這個「政治見解」，各個公民在共同的討論、決策及行動等的參與過程中，不但能夠增進政治知識、孕育公民德行及「成爲自己的主人」，而且能夠培養並強化社群意識或社群認同感。簡言之，這個「政治見解」蘊含著「交互性行動」的參與觀念（participation as interaction），而著重於「相互之間」的教育作用。

　　就第2與第3兩種詮釋所依賴的「政治見解」而言，「政治」乃是稀有資源（亦即權力）的競取力爭，而「政治過程」就是權力的形成、分配及執行，因此政治參與乃是影響權力分配的一種政治行動。在第2種詮釋之下，一般公民透過自願性參與行爲，尤其是競爭性的定期選舉，一方面可從相互競爭的少數政治精英中作一選擇，從而賦與統治權力，使其擁有施政的正當性，另一方面則可表達其需求或支持，進而促成選任公職的輪替，使得政治精英不敢忽視其需求，並確保政治精英的回應。換句話說，政治參與具有保障公民本身的權利、儘量擴大公民自己的利益，以及提供政治系統的正當性等功能。簡單說，此一「政治見解」蘊含著「工具性行動」的參與觀念（participation as instrumental action），而著重於「由下而上」的影響或控制作用。在第3種詮釋之下，政治參與影響權力分配中的「影響」語詞，除了「改變」的意思之外，還有「強化」或「支持」的意思。這就是說，所謂的「影響」或「控制」，已從「由下而上」轉成「由上而下」的意義了！

　　概括而言，第1種詮釋與第2、3種詮釋，分別奠基在兩種互異的「政治見解」之上，從而衍生出兩種不同的參與觀念（交互性行動與工具性行動的參與觀念），並引伸出兩種有別的作用（教育作

用與控制作用)。其中的控制作用,包含「由下而上」與「由上而下」兩種;作用方向的差別,繫於第2與第3兩種詮釋之間的差異。

除了「政治見解」的兩相對照之外,第1種詮釋與第2、3種詮釋,尚在方法論上訴諸兩種不同的「價值原則」。此處所謂的「價值原則」,乃指價值中立的原則(principle of value-freedom or value neutrality)。在政治研究的領域上,首先揭櫫價值中立原則的,乃是1950、1960年代盛極一時的「行為主義」。「行為主義」的基本主張,雖然多達八項(請見本書第二章),但根本上端在於促使政治研究邁向「科學化」,而價值中立就是「科學化」的首要原則。一般而言,堅持第2、3種詮釋的政治學者,大都抱持價值中立原則,認為政治研究能夠、且應該保持價值中立。主張第1種詮釋的政治學者,則極力駁斥價值中立原則,認為政治研究不能夠、且不應該保持價值中立。

總而言之,「政治參與」既然一向便是民主政治的核心,當代不同民主理論家間的仁智之見,自然也就環繞著「公民參與政治」的理論角色而打轉。依據筆者的淺見,由於這個共同核心的意義,主要上計有三種不同的詮釋,因此長久以來此起彼落的種種民主理論,基本上也可區分為三個類別。本書第二、三、四章,正是分就這三個類別的民主理論,評述其中最具代表性的理論建構。誠然,因為這三種不同詮釋,各自奠基在兩種互異的「政治見解」與兩個有別的「價值原則」,所以這三個類別的民主理論,實際上也可合成兩大類別。

本書第二章評述著名政治學家Robert A. Dahl(1915-)的「多元政治理論」;筆者期望此章的名稱(「多元政治和政治參與:理論建構上的價值問題」),能夠彰顯出探討主題。平實而言,有關第2種詮釋的民主理論,幾乎可說「汗牛充棟」,筆者從中選取「多

元政治理論」，乃基於下述兩大理由。

　　第一，1940年代以降，R. Dahl共計發表20本左右的專書與近百篇的論文；每一論著，皆屬擲地有聲之作，尤其有關「民主政治」的一系列著作，更是繼往開來的研究典範，一直廣被徵引、備受樂誦。他在1956年出版的《民主理論芻議》(*A preface to Democratic Theory*)一書，首創數學式的理論建構，從而於隨後的一系列開展性研究中，力圖縱深的鑽研與橫向的擴展，終而奠定歷久不衰的學術地位。簡單說，他的「多元政治理論」，確實值得大書特書。

　　第二，1950、1960年代「行為主義」主宰美國政治學界時，Robert R. Dahl乃是一位盛氣凌人的「行為主義」主帥。在價值中立的大纛之下，R. Dahl建構出一個號稱經典之作或研究典範的「多元政治理論」。1970年代以後，「行為主義」逐漸式微，代之而起的，乃是反對價值中立的「後行為主義」(post-behavioralism)。我們不禁要問，奠基在價值中立原則之上的「多元政治理論」，為何一直不見更改或拋棄呢？為何基礎已經坍塌而主體結構依然屹立不搖呢？尤其重要的，為何時至今日仍然廣被稱誦而常被引用呢？顯而易見的，這種問題潛藏著許多糾結不清的根本課題；若能試作解答，意義自然非比尋常。

　　本書第三章評述政治哲學家Benjamin R. Barber(1939-)的「強勢民主」(strong democracy)；此章的篇名，正是他的成名著作的書名(*Strong Democracy: Participatory Politics for a New Age*, 1984)。在「政治參與」的第1種詮釋上，亦即在以「直接民主」詮釋「政治參與」上，B. Barber乃是主要代表人物之一。值得注意的，他的「強勢民主」理論，不但曾經博得「近十年來最重要的政治理論著作」的特別美譽(Wolfe, 1986: 91)，而且其中所倡議

的一些制度革新，更榮獲前美國總統Bill Clinton的公開贊許（Parry, 1995: 141; see also Barber, 1996: 299）。然而，一般人皆知「直接民主」確實不適於廣土眾民的現代國家，智商不低於一般人的B. Barber，為何大力鼓吹呢？憑藉何種論證，他居然能夠理直氣壯地駁斥「代議民主」（representative democracy），從而判定它終將煙消雲散呢？基於何種推理與論證，「代議民主」或「自由主義式的民主」（liberal democracy）已經淪為「弱勢民主」或「淺薄民主」（thin democracy or weak democracy），而他所主張的，就是能夠起死回生的「強勢民主」或「強勢制度」呢？不論您是否贊同「直接民主」，也不管您是否主張「間接民主」，這種種疑問，不值得一窺究竟嗎?!

　　本書第四章評述著名政治學家Samuel P. Huntington（1927- ）的政治參與理論；此章的篇名，稍微改自他的一本重要著作的書名（*No Easy Choice: Political Participation in Developing Countries*, 1976），望能彰顯他在「政治參與」概念製作上所扮演的重要角色。大體而言，在「政治參與」的詮釋上，不論主張第1種詮釋，或是堅持第2種詮釋，政治學者的關注焦點，主要集中在歐、美先進國家。直到1960年代中葉以後，政治現代化或政治發展的探討，方才促使政治參與的經驗研究，漸由「已發展的」或「已開發的」歐、美先進國家，推展到亞洲、非洲及拉丁美洲等「發展中國家」或「開發中國家」，進而在1990年代左右激發出「民主化」的研究熱潮。研究領域的嶄新推展，當然易於引起舊有概念、通則、模型、或理論是否適用的爭議。依據筆者的淺見，在這些見仁見智的爭議中，歷來最受矚目而足以「自成一家之言」的論著，莫過於S. Huntington的一系列著作了。

　　一向堅持「價值中立」的S. Huntington，素以「博學多聞，著

作等身」著稱，舉凡國防、外交、革命、文武關係、政治參與、政治變遷、政治制度、民主化、文明衝突等論題，均有全盤性的爬梳工夫，更有獨到的見解。其中有關文明衝突的論著，尤其掀起十分熱烈的討論風潮，甚至招致正、反兩面極爲懸殊的評價。關於「發展中國家」的政治參與的研究，雖然未曾引起熱烈的論戰，但其中一些獨排眾議的新穎見識，確實撼動學、官兩界無數人的心弦，從而也獲得褒貶不一的評價。例如，一般學者時常稱頌Al Smith的名言：「民主痼疾的唯一救藥，就是更多的民主。」然而，S. Huntington卻說：「在1960年代，美國的民主活力，導致了美國的民主敗象」（1975: 102），也曾宣稱，人類可以「無自由而有秩序」，但不可能「無秩序而有自由」（1968: 7）。依據筆者的淺見，從這樣與眾不同的言論、至今仍然高懸的「價值中立原則」，以及在政治參與研究上的一些獨特見解，我們不難看出，在S. Huntington的政治參與理論中，必定隱含著一些極富挑戰性但不易紓解的基本問題，而十分值得我們進一步探究。

　　由以上各章的概述看來，「價值中立原則」的解析，在整個討論中佔有一定的分量。本書運用相當篇幅剖析此一原則的理由，固然是多方面的，但筆者體認到一些政治研究者未必掌握其中精義，也是一個主要原因。當1950、1960年代「行爲主義」蔚爲風氣時，政治哲學的研究，卻一蹶不振而乏人問津。「行爲主義者」堅持價值中立的原則，進而依據邏輯實證論（logical positivism）的觀點，將科學活動區分成爲兩大類別：其一爲發現系絡（context of discovery），另一則爲驗證系絡（context of justification）。所謂「驗證」，乃指一個述句、或通則、或理論的支持，端在於經驗檢定與邏輯推理。1970年代以後，「行爲主義」逐漸式微，政治哲學的研究狀況，則緩慢復甦、漸漸逆轉、終至成長茁壯。兩相對照之下，

與公民多少數量或程度的政治參與？另外一類則是「經驗性」政治理論的實然問題，例如，何種因素促成公民的政治參與，從而導至何種政策後果？這兩大類課題中的某些問題，經過當代政治學家的努力，業已得到明確的解答，但是，十分不幸的，多數問題，即使是潛在上可回答的問題，仍然懸而未決(Verba, Nie and Kim, 1971: 7)。造成這種困境的原因，固然是多方面的，但民主理論建構中價值問題的長期糾葛，則是其中一個主要緣故(參見 Sartori, 1987 : 4-6)。

　　價值問題的劇烈紛爭，肇端於1950年代的「行為主義」(behavioralism)。依據盛極一時的「行為主義」，政治研究必須堅守價值中立(value-free 或 value neutral)的原則，才能達到科學化的水準，而不該一再浪費心力去琢磨毫無真偽可言的價值語句。因此，當時多數的政治學者，泰半皆以價值中立為其科學研究的首要原則。在這種布新除舊的興革中，最具代表性而廣受矚目的，乃是「行為主義」的一位領導人R. Dahl所建構的民主理論。在價值中立的原則下，R. Dahl試以描述性的「多元政治」(polyarchy)一語，取代價值性的「民主政治」(democracy)一詞，藉以進行經驗現象的理論建構，從而提出名噪一時的多元政治理論(theory of polyarchy)。然而，約在1960年代末期，「後行為主義」(post-behavioralism)逐漸興起，繼而風起雲湧，終於匯成學界主流，至今依然未見枯竭(Zolo, 1995)。按照「後行為主義」，政治研究全然無法成為價值中立。顯而易見的，兩相對照之下，政治學者似要陷入進退維谷的兩難之中。若「後行為主義」的主張，確可成立，則「行為主義者」所建立的各種經驗性政治理論，是否僅為理論家個人價值立場的各自表白，而毫無普遍性或客觀性呢？曾經貴為「行為主義」領導人物之一的R. Dahl，於1950年代建立起

來，並在其後繼續推展，直至1990年代依然「深具影響力且廣被徵引」（Hyland ,1995: 85）的多元政治理論，是否僅僅純屬R. Dahl表達個人偏好的一套花言巧語呢？反之，若「行為主義」的主張，才屬正確，則「行為主義」的諸位健將，為何紛紛改採「後行為主義」呢？而曾被R. Dahl(1958b: 89)判定「壽終正寢」的規範性政治理論的研究，為何「起死回生」，進而成長茁壯呢？

　　毋庸贅言，在民主理論的建構上，這個似屬兩難的困境，潛藏著無數糾結不清的、難以爬梳的根本問題(參見袁頌西，1995)。長久以來，這些急待澄清或解決的難題，總在「後行為主義」業已取代或超越「行為主義」的單純想法下，而得不到應有的重視。有鑒於此，本文不揣翦陋，試圖檢視「行為主義」與「後行為主義」兩個時期中R. Dahl的價值中立主張，藉以解析多元政治的理論建構，從而釐清價值中立原則中的一些爭端，並探究政治參與和民主政治之間的密切關係。本文的分析，將從價值中立的意義轉折、多元政治的理論建構，及政治參與和幅員大小等三個主要層面，逐一分別進行。

二、價值中立的意義轉折

　　1956年，R. Dahl出版《民主理論芻議》（*A preface to Democratic Theory*），首創多元政治的理論建構。1950、1960年代正是「行為主義」主宰美國政治學界的時期，而R. Dahl更是一位意氣風發、振筆大書「勝利碑文」，以期昭告世人「行為主義已經徹底擊潰傳統政治學」的主帥(Dahl, 1961a)。毋庸贅言，R. Dahl乃在價值中立的原則下，建構多元政治理論。然而，什麼是價值中立呢？多元政治的理論建構，確實堅守價值中立的原則嗎？當R. Dahl「放

棄」價值中立而改信「後行為主義」時,多元政治理論為何依然不見更改?為何仍然博得學界的稱道呢?顯而易見的,在解析多元政治理論之先,勢須針對曾經引起長期爭議的價值中立,尤其是R. Dahl所謂的價值中立,進行較為周密的剖析。

在政治研究上,首先揭櫫價值中立原則的,乃是「行為主義」。「行為主義者」之間的見解,雖然互有出入,但據Somit and Tanenhaus(1967: 177-179)的檢核,他們具有下述八個基本共識:

1. 政治學終能成為可以預測與解釋的科學。這種科學的性質,一般認為可能更近於生物學而非物理學或化學。指定這個可能性後,政治學者必須絲毫不懈地探究政治行為的規律性,並且堅定不移地探討那跟規律性相關連的各種變項。因此,他們必須致力於嚴格的分析研究,而避免純粹的描述工作。這種嚴格的分析研究,乃政治知識之有系統發展的基石。

2. 政治學基本上(若非完全)關涉實際可觀察的現象,這就是說,政治學關切政治行為者的所言所行。這種政治行為既可以是個人的行為,也可以是團體的行為。

3. 資料必須是量化的,而研究發現必須奠基在可量化的資料上。行為主義者指出,只有量化,才能發現規律性與各種關係,方能獲得規律性與相互關係的精確述句。跟此有關的熱望(有時是企圖),乃是以數學命題陳述這些關係,以及透過約定的數學演算而去探討它們的蘊涵。

4. 研究必受理論的指引,並遵循理論所定的方向。在理想上,研究的推進,當自審慎發展的「理論定式」出發。這就是說,研究的進行,必須依據明確的、有系統的述

句，而來產生「可運作化的」假設——能以經驗資料加以檢證的假設。由於理論必須考慮研究現象的性質、範圍及其變異，所以行為主義者談及「低層次理論」、「中程理論」、以及「普遍理論」，而其最後目的，乃在發展「全面性的通則」，進而以同一方式，精確地描述政治現象、正確地關連政治現象。借用一個老生常談的例子來說，這種方式，就像我們運用牛頓定律來說明物理世界一樣。

5. 為了「純粹的」研究，政治學必須放棄下述兩種應用研究。第一種應用研究，係針對特定的、立即的社會難題，提供解決方法；第二種應用研究，旨在改良的、計劃的冒險，而力求民主政治的公民權責或較佳政治的較好心態。因為這兩種應用研究的努力，非但很難產生有效的科學知識，反而使得精力、資源及注意力，呈現出毫無效果的分散。

6. 價值(民主、平等、自由等)的真偽，在科學上無法成立，因而落在正當的研究範圍外。由此而導致的結論是，政治學家必當放棄「重大的爭論問題」，除非這些問題所引發的行為(或跟這些問題相關的行為)能被當作經驗事件而加以處理。例如，信仰民主政治的範圍，以及此種信仰反映在投票行為上的方式，便可成為適當的研究題材。不用說，政治學與道德問題(或倫理問題)之間並無適當關係的看法，更是行為主義的重要主張。

7. 政治學家必須更為「科際性」。政治行為不過是社會行為的一種形式，政治學家效法其他社會科學的技巧、技術及概念，將會獲得巨大的功效。

8. 政治學對其方法論必須更加自覺與批判。政治學家應當
　更熟諳、更加利用多變數分析、抽樣調查、數學型模，
　以及模擬等工具。當然，他們應該盡最大的努力，去察
　覺並減少他們在計畫、執行、評估研究時其本身的「價
　值偏好」。

　　根據上述引文，我們可以明白看出，「行為主義者」雖然具有
八個基本共識，但這些共識實際上乃是分從不同角度，一齊指向
「科學化」的遠大目標；政治研究者必須堅持價值中立，正是政
治研究邁向「科學化」路途上的一項重要原則！這個原則的實質
內容，雖然分散在上述的一些共識中，但我們似可將它爬梳成下
述四個相互關連的論點，藉以彰顯其涵義，從而裨益進一步的評
述。第一，價值語句截然有別於經驗述句；後者有真偽可言，前
者則無，因而科學研究，不得介入價值問題。第二，若價值語句
可被當作經驗事件而加以處理，則能夠成為適當的研究題材。第
三，價值語句與經驗述句之間並無適當的關係，因而單從經驗述
句無法推得價值語句；若進行此種推論，則只不過是暗將個人價
值塞進推論式之中罷了。第四，在政治現象的經驗研究過程中，
必須摒除價值偏好。

　　價值中立的第一個論點，主要源自邏輯實證論（logical
positivism），尤其是A. Ayer的情緒說（emotivism）。根據邏輯實證
論的見解（參見郭秋永，1981: 19-42；1988: 203-224；1995: 373-
379），一個認知上有意義的語句，只有兩種：一為分析述句（analytic
statement），一為綜合述句（synthetic statement）或經驗述句或事實
述句。分析述句乃是記錄符號用法的決定，未對經驗世界試作任
何斷言，因而獨立在經驗之外，只靠符號的意義，就能確定它的

真偽。例如，「昨天下雨或沒下雨」，就是一個在認知上具有邏輯意義的分析述句。經驗述句涉及實然(what it is)，因而其效力取決於經驗；除了理解字彙意義外，還須憑藉經驗的檢核，才能確定它的真偽，因而在認知上具有經驗意義。價值語句關涉應然(what it ought to be)，既非記錄符號用法的決定，又未涉及實然，迥異於有真偽可言的述句，因而在認知上不具任何意義。我們試用R. Dahl(1970a: 104)曾經舉過的例子，來作進一步的說明：

a)　在美國公民中，教育程度愈低者，愈少參與政治。
b)　民主政治是最佳的政府體制。

語句A是一個經驗述句，除了明白「公民」、「教育程度」及「政治參與」等語詞的意義外，還須憑藉經驗事實(例如普選的投票率或公民參與競選活動的介入量)，才能確定A的真或偽。否定一個分析述句(例如「昨天下雨或沒下雨」)，便會陷入自相矛盾或得到必然為偽的分析述句(例如「昨天下雨且沒下雨」)。但否定A，只不過得到另外一個也尚待檢證的經驗述句(例如「在美國公民中，教育程度愈高者，愈少參與政治」)，而不會陷入自相矛盾之中。語句B是一個價值語句，表達說者喜愛民主政治的偏好。它不是一個分析述句，也不是一個經驗述句，因而不能透過符號意義的分析或經驗的檢證，來確定它的真或偽；探究B的真偽，徒屬枉然。

進一步說，價值語句雖然不具認知意義，但卻非「毫無意義」。依據邏輯實證論者A. Ayer的「情緒說」，價值語句乃用來抒發說者的情緒，從而誘導聽者的情緒反應，因而具有情緒作用或意義。A. Ayer(1946: 109)指出：「它們是純粹的情緒表示，因而不可歸

入真偽的類別中。由於不是真正的命題，所以它們是不可檢證的，正如呻吟或命令一樣。」值得注意的，在價值中立的論戰上，「行為主義者」雖然很少標舉「情緒說」，但依照其中一位領導人D. Easton的說明，「行為主義者」不但肯定價值語句僅是一種情緒反應，並且認為它是整個社會科學研究中最根本的工作假定（working assumption）。D. Easton（1971: 221）說：

> 為了避免任何可能引起的懷疑，我必須詳述我的工作假定……這個工作假定，正是今日社會科學界普遍採行的假定；它指出，價值在終極上可被化約成情緒反應……價值與事實於邏輯上是異質的。一個命題的事實面相，指涉真實世界中的一個部分，因而可藉事實來加以檢定……一個命題的道德面相，只是傳達個體對於真正事態或推想事態的情緒反應……我們雖然能以真或偽談論一命題的事實面相，但以這種方式來表現一命題之價值面相的特點，乃是毫無意義。

假使價值語句果真只是用來吐露或引發情緒，那麼歷來政治哲學家所建構的理論體系、所推薦的最佳政府體制，以及所珍視的各種權利義務，不是就會因為包含許多價值語句而頓失憑藉，甚至淪為政治哲學家的私人偏好嗎？在主張價值中立的第一個論點上，R. Dahl的立論，或強或弱，略顯搖擺不定。當立場堅定時，便逕從「情緒說」的理路挺進，從而唾棄傳統政治理論；當立場鬆動時，則對「情緒說」稍有置疑。這種不太穩固的立場，即使在「行為主義」威震美國政治學界的時期，便已略露端倪，因而值得進一步剖陳。

　　R. Dahl高舉價值中立的原則，首見於1947年論述〈公共行政的科學〉一文。在這篇論文中，R. Dahl指出，若要建立一門公共行政的「科學」，首先必將倫理問題，排除在公共行政的研究範圍外，不能讓它們「隱藏在事實與推論的草叢中，伺機殺戮粗心大意之人」，不然的話，「公共行政的科學，永不可能」（Dahl, 1947: 4）。價值語句既然不值得探究，則致力於研討傳統政治理論的學者，就不足以號稱為「理論家」。在1955年〈政治的科學：新與舊〉一文中，R. Dahl指出政治學者分為兩類；一為「政治科學家」，另一為「政治理論家」。前者對於理論建構的要求，首在於明確性，因而是一種不被稱為「理論家」的真正理論家。後者通常埋首於闡釋歷史上既有的政治理論，從而彰顯其中「隱含的精義」，因此是一種道地的歷史家，但卻號稱為理論家，名實之間未免相去太遠。不過，最尖銳的抨擊文章，則是1958年〈政治理論：真理與後果〉一文。在這篇文章中，R. Dahl指出，充滿價值語句的傳統政治理論，基本上只不過徒具兩種非學術性的功能。第一種功能乃是「合理化」既有或潛在的政治秩序。第二種功能則在滿足個體的心理需求，從而可以再細分為規範的、投射的，以及認識的等三種次級功能。就規範功能而言，傳統政治理論可為個體提供一種「延展的超我」，藉以區別善良與邪惡；就投射功能而言，傳統政治理論容許個體將其「內在問題」，透過堂皇的理論體系而投射到外在世界；就認識功能而言，一般個體總是渴望一團混亂的情境，可以爬梳成有條不紊的圖案，而傳統政治理論的「偉構」正可滿足個體的圖案需求。不過，R. Dahl鄭重指出，傳統政治理論的真正困難，端在於不具真偽判準而不可能發揮科學功能，因此，本著全然致力科學化的行為主義精神，他信心十足地宣判：「以堂皇體裁發展政治理論……在英語系世界中已經死亡，在共產國

值語句是「有意義的」，而R. Dahl本人贊成後者。當然，我們可以進一步追問，假使價值語句果真具有情緒意義之外的「意義」，那麼這種意義會是「認知意義」嗎？假使不是，那麼到底是什麼意義呢？假使是，則價值也如事實一樣具有真偽可言嗎?!或者，我們也可引用R. Dahl(1955: 485)曾經追問傳統政治學者E. Voegelin的問題，而來反問R. Dahl本人：「這實際上是在斷定經驗命題『無』異於價值命題嗎？這即在主張我們能以『相同』方法而來驗證兩者嗎？若是，則為何種方法呢？」誠然，對於這些更進一步的根本問題，R. Dahl皆存而不論，因此我們可以援用他批判E. Voegelin的言詞，反評他本人：「不幸，在這些關鍵論點上，竟然沉默無言。」(Dahl, 1955: 485)

　　無論如何，我們可以憑藉上文的剖析，而將價值中立的第一個論點，分成下述一甲、一乙、一丙三個要點，進而斷定「行為主義」時期的R. Dahl贊成甲與乙兩個要點，但在主張丙點上，則前後不太一致：

一甲）價值語句異於經驗述句

一乙）價值語句並無真偽可言

一丙）價值語句僅具情緒意義

　　至於價值中立的第二個論點(當價值語句可被視作經驗事實時，便能成為適當的研究題材)，在「行為主義者」與「反行為主義者」之間，並未引起激烈的爭議，至多只是招致一些易於化解的誤會。當然，R. Dahl也贊成這個意思上的價值中立。然而，在何種情況下，價值語句足以視作經驗事實或所謂的「價值性事實」(value-fact)呢？如同其他「行為主義者」，R. Dahl在討論價值中立

上，並未區別價值、道德、倫理及規範等的差異，大體上均等同視之，因而曾說(Dahl, 1961a: 771)：「使用流行語詞來講，倫理標準即是價值」。如此說來，我們或可運用倫理判斷與描述倫理判斷之間的差別，說明價值與「價值性事實」之間的差異。例如，當張三說「為人媳婦應該孝順公婆」時，就張三而言，這是在陳述或肯定倫理判準，而就探討張三倫理觀念的研究者而言，這是一件有關張三倫理觀念的經驗事實。同樣的，當李四說「開明專制乃是最佳的政府體制」時，就李四而言，這是在陳述或肯定一項價值，但就探討李四價值觀念的研究者而言，這是一件有關李四價值觀念的經驗事實。顯而易見的，這種「價值性事實」，正是R. Hare(1990: 111-126, 163-179; 1963: 7-10, 26-27)所謂價值語句的「引號用法」，實際上是一種經驗事實，而非純粹的價值語句。基於這樣的見解，「行為主義者」方才認為政治學者可在特定的研究情境中，區別「範疇性價值判斷」(categorical judgment of value)與「工具性價值判斷」(instrumental judgment of value)，進而宣稱科學方法大可用在「工具性價值判斷」上的探討，甚至足可應用在「範疇性價值判斷」的研究上。例如可以指明人們正在追求何種範疇性的價值？次如，可以釐清人們的各種價值觀念，是否可以形成一個層層相關的價值系統？再如，可以指出人們放棄某一範疇性價值、轉而追求另一範疇性價值的因素。

價值中立的第三個論點，就是著名的「休氏障礙」(Hume's Hurdle)或「休氏刀叉」(Hume's Fork)或「休氏鐵則」(Hume's Law)：單從經驗述句推論不出價值語句(Simon, 1952: 495; Oppenheim, 1973: 63; Hare, 1963: 108; Plant, 1991: 11)。事實上，這個見解密切關連著演繹推論的一個規則：除非我們能夠增加語句的界說力量，否則，在一個有效的演繹推論裡，諸前提所未曾

明示或暗示的事務，不得出現在結論之中。在演繹推論中，既有
此一必須遵守的規則，而經驗述句不但有別於價值語句，又不衍
遞價值語句，因此，單從事實前提推論出價值結論，當然不是有
效的推論。假使如此推論，例如單從「秦始皇曾經統一古代的中
國」推論出「秦始皇是一個偉大的帝王」，則其推論形式為：

甲是乙
故甲是丙

顯然的，這是推論者違反價值中立原則而另外添加個人價值
的「推論」，自然不是一個有效的推論。誠然，晚近以來，「休氏
刀叉」也曾遭受一些挑戰，從而引起熱烈的討論（詳見郭秋永，
1981: 79-124; 1988; 280-311），但正反雙方的論證，並未引起政治
學者的關注。換句話說，在政治學界中，「行為主義者」雖然高舉
「休氏刀叉」，但激烈反對「行為主義」的政治學者，幾乎完全默
認而從未置疑。當然，R. Dahl主張這個意思上的價值中立，進而
特將違犯此一論點的過錯，稱為「自然主義的謬誤」（naturalistic
fallacy）（Dahl, 1947: 1）

價值中立的第四個論點（在政治現象的經驗研究過程中，必須
摒除價值偏好），乃是正反雙方爭執得最激烈的論題，誠如R.
Dahl（1963: 101）所說，「它惹起最強烈的情緒反應……多數筆戰文
章的氣勢與實質，皆屬針鋒相對。論戰中司空見慣的，乃是相互
對立的論旨、屢被曲解，並且誣告常被當作實情。」在這個形同
一團混戰的論戰中，R. Dahl的解析，最具提綱挈領的作用，而值
得進一步詳述。

在第一版的《現代政治分析》（1963）一書中，R. Dahl曾將此

一論題，分爲兩種課題，從而各別剖陳：其一爲「政治分析能夠
成爲中立嗎？」，另一爲「政治分析應該成爲中立嗎？」R. Dahl
進一步指出，當代政治學者對這兩種課題的答覆，雖然各色各樣，
但基本上可以分成兩個對立陣營：經驗理論家（empirical theorists）
與超驗理論家（trans-empirical theorists）。前者認爲政治分析不但能
夠而且應該中立地進行，從而力求「政治的經驗科學」；後者斷定
政治分析既不能夠又不應該中立地進行，從而質疑純粹科學研究
的可行性。前一陣營當屬「行爲主義者」，後一陣營當是「反行爲
主義者」。不過，在政治分析應否中立的課題上，R. Dahl僅從經驗
理論家的角度，略述超驗理論家的一些誤會或曲解，而未詳細剖
陳應否中立的論證或理由，因而下文只就能否中立的課題，試作
進一步的評述。

在政治分析能否成爲中立的爭論上，R. Dahl認爲，假使排除
雙方打擊稻草人式的高談闊論，則可從紛紜眾說的「深處」，爬梳
出兩造皆會同意的六個要點：

1. 研究者本身的價值、興趣及好奇，左右研究題材的選擇；
2. 拋棄價值而唯靠經驗知識，便不可能提供政治現象之重要
   性與相干性的判準；
3. 客觀的政治分析，預設眞理値得追求，從而相信眞僞之辨，
   乃是有價值的；
4. 所有經驗科學預設一些不能憑藉經驗科學方法建立起來的
   假定，例如，宇宙的運行，在未來也如過去一樣地具有律
   則性；
5. 在實際的研究過程中，研究者的價值偏好，可能使得他本
   人誤作觀察與誤判證據；

6. 缺乏某些社會的或政治的必要條件，例如言論自由或研究
   自由，科學研究便不可能具有超然性或中立性。

據此而言，經驗理論家並不在這6個要點上倡導價值中立，例
如經驗理論家不會主張政治學者在研究題材的選擇上，可以保持
價值中立而不受個人價值的左右。誠然，假使專從這六個要點上
堅持或抨擊價值中立，那就易於惹起層出不窮的無謂爭端。然而，
經驗理論家究竟主張何種價值中立呢？或者，這兩個陣營既在上
述六個論點上同意政治分析不能夠保持價值中立，則雙方的差別
何在呢？

R. Dahl指出，經驗理論家主張政治學者能在上述六種限制之
下，分離出並檢定有關政治現象的經驗述句，而不受到任何價值
的左右。R. Dahl（1963: 103）說：

> 判斷環境影響基因之假設的真或偽……邏輯上全然獨立在
> 任何應然的信念之外，縱使位高權重的史達林依然不能使
> 它為真……經驗命題的真偽，邏輯上並不依賴在我們以為
> 應然是什麼之上，而是取決於事實是什麼。不論著名國王
> 認為什麼或假裝認為什麼，當在臣民面前遊街時，沒穿衣
> 服就是沒穿衣服……經驗命題完全不依靠善、對、何者應
> 屬最佳、或我人應該偏好什麼。

顯而易見的，自R. Dahl看來，經驗理論家所主張的價值中立，
乃指政治學者在檢定經驗述句的過程中，能夠保持中立，而不受
到任何價值的左右。那麼，超驗理論家拒斥的中立原則，就是這
種檢定過程上的價值中立嗎？依據R. Dahl的說明，超驗理論家認

為價值與事實在整個研究過程中(除了一些雞毛蒜皮的瑣碎事例外),總是纏結糾葛,以至於不可能分離。因此,超驗理論家斷定,在政治分析中,不局限於瑣事的任何「寬廣性理論」(comprehensive theory),無可避免地包含價值判斷,而經驗理論家一廂情願的說詞,「只不過是在中立性的幌子下,暗將本身不承認的價值」,夾帶進入整個理論建構中。當然,檢定「寬廣性理論」中的經驗述句,也就受到價值判斷的影響,而不可能保持價值中立。

然而,我們不免要問,在理論建構中,價值與事實究竟如何糾纏,以至於使得政治分析不可能保持價值中立呢?除了一味肯定之外,超驗理論家似乎從未提供進一步的論證與詳細的例釋,從而徒令價值與事實依然陷於糾纏的曖昧關係中。顯而易見的,若能舉例闡明這一難題,就易於排解經驗理論家與超驗理論家之間的對壘糾紛了。或許,在各營壁壘長期對峙後,這種困局會在推陳出新的「後行為主義」中獲得紓解?!

關於「後行為主義」的性質,當代政治學者並無完全一致的見解,尤其是E. Miller(1972)的闡釋,更屬別樹一幟。不過,根據1969年美國政治學會第65任會長D. Easton的會長就職演說,「後行為主義」基本上是一種「知識傾向」,而具有七個「革命性質的」信條:

1. 實質優先於技術。倘若必須犧牲兩者之中的任何一個(實際上不經常如此),那麼,使得政治研究相干於當前迫切的社會問題,而成為具有意義,自比各種研究工作的琢磨來得重要。科學上的警語是,錯誤勝於含混;後行為主義則代之以新的格言──含混勝於無關的精確。
2. 行為科學隱藏著「經驗保守主義」的意識形態。把自己

完全局限於事實的描述與分析中，等於阻礙了以最廣泛系統來理解這些事實的機會。如此，經驗的政治學，由於必須支持其所探究的事實環境，因而無意中培養了一種社會保守主義的意識型態。

3. 行為研究不觸及真實。行為研究的核心，乃是抽象與分析，而這有利於殘酷政治現狀的隱藏。因此，後行為主義的任務，乃在突破沉默的柵欄(此係行為主義所必定產生的柵欄)，並促使政治研究觸及危機時期中人類的真正需要。

4. 價值的研究及其建構發展，乃是政治研究中不可缺少的部分。科學不能且永不曾在評價上中立的，儘管有人作相反的宣稱。因此，為理解知識的限度，我們必須瞭解價值前提。這些價值前提，不但是知識的憑藉，而且是使用知識的選項。

5. 任何學科的成員，都負有知識分子的責任。知識分子的歷史角色，向來就是保護人類文明的價值，並且是必須保護人類文明的價值。這是他們唯一的工作與義務。若不如此，則他們將淪為技術人員，而成為只是笨拙地修補社會的工匠。如此一來，他們便拋棄學術上所宣稱的種種特權，例如，研究自由、免受社會迫害之準治外法權的保障等等。

6. 致知即是負起行動的責任，而行動乃是改造社會。身為科學家的知識分子，負有力行其知識的特殊意義。沉思性的科學，乃是十九世紀的產物；在當時，大家共享一個廣泛的道德一致性。然而，目前的社會，正處於各種理想的衝突中，因此，行動性的科學，必須反應這種衝

突，進而滲入整個研究事業中，藉以顯現整個研究事業
的特色。

7. 若知識分子負有力行其知識的義務，則知識分子組成的
各種組織(專業團體)以及各個大學，就不能置身於今日
的各種衝突之外。專業的政治化，不但是不可避免的，
同時也是可欲的。(Easton, 1971: 325-327)

從這些信條看來，「後行爲主義」的興起，乃肇端於「行爲主
義」時期政治研究的「不相干」與「不行動」，而非拋棄「行爲主
義」的方法論或中止科學化的努力。因此，D. Easton一方面宣稱
「相干與行動」乃是「後行爲主義」的口號，另一方面則強調說：
「我們不必將『後行爲主義』視作『行爲主義』的一大威脅……
由於企求行爲研究更能扣緊我們時代的各種問題，所以『後行爲
主義』支持並擴展『行爲主義』的方法與技術」(Easton, 1971: 333,
348)。不過，值得注意的，第四信條中「科學不能且永不曾在評
價上中立的」斷言，確實令人覺得「後行爲主義」雖然延續並拓
展「行爲主義」的方法與技術，但業已完全摒棄價值中立的主張。
按照D. Easton的說明，「後行爲主義者」相信所有的研究，不論純
粹研究或是應用研究，完全依賴在某些價值假定(value
assumptions)上，因而任何研究皆不可能保持價值中立，價值中立
只不過是一種秘思(myth)。依據筆者的管見，這樣的說明，實嫌
籠統草率。例如，假使研究者不能保持價值中立，那麼各個研究
成果是否就是各種價值判斷的產品，或是各種意識型態的表態(參
見Eulau, 1968: 160)？筆者認爲，在價值中立的主張上，「後行爲
主義」不同於「行爲主義」之處，端在於拋棄上文評述的(一丙)，
亦即揚棄「情緒說」，其餘的論點，均保留不變，至多只不過再度

重申第四論點中各方皆可贊同的六個要點。不然的話，D. Easton
如何強調「後行爲主義」繼續推進「行爲主義」的方法論呢?!筆
者這一見解，可在「後行爲主義」時期R. Dahl的相關著作中，得
到強有力的佐證。

在「後行爲主義」興起後，R. Dahl有關價值中立的著作，散
見於兩類文章；其一爲1967年〈政治系統的評價〉一文，另一爲
《現代政治分析》一書的第二、三、四及五版(1970a, 1976, 1984,
1991)。〈政治系統的評價〉一文，曾被Ithiel de Sola Pool判讀爲一
篇「悔過書」(Dahl, 1967: 166, editor's note)，從而肯定它正是R.
Dahl放棄價值中立的一項證據。事實上，R. Dahl摒棄的，僅是「情
緒說」，而非價值中立的所有論點。大體而言，〈政治系統的評價〉
一文，旨在主張政治分析必須同時包含政治系統的描述與評價，
進而提出評價所需的三個元素：價值標準、政治系統的行爲資料，
以及應用價值標準於政治系統的方式。誠然，R. Dahl不滿「行爲
主義者」基於價值中立而不從事評價研究，也質疑一般量化資料
的可靠性，甚至認爲「在數字資料的堅硬外殼內，隱藏著足以吞
噬學者的流沙」(Dahl, 1967: 176)。可是，R. Dahl雖然力主政治評
價的重要性與可行性，但仍然堅持價值語句有別於經驗述句，而
無真僞可言。因此，他說:

> 關於價值標準的「終極根基」(ultimate ground)，無疑的，
> 我們的歧見，仍將持續下去，正如數千年來有識之士的見
> 仁見智一樣。(Dahl, 1967: 175)

據此而言，R. Dahl徹底放棄的，乃是價值語句僅具情緒意義
的「情緒說」。至於(一甲)與(一乙)兩個論點，則遠從「行爲主義」

時期直至最近，始終堅信不移。我們試舉兩段時差長達40年左右的類似文字，作為進一步的佐證：

> 我相信，在政治學中有許多重要問題的答案，十分清楚地、毋庸爭議地獨立在倫理考慮之外。例如，「最高法院並未保障熱忱少數以資對抗冷漠多數」這一命題的真或偽，在任何形式上，皆不依賴在我們認為此種保障的好或壞之上，也不依靠諸如「何謂好人？」或「人們應該如何群居？」此類問題的答覆上。（Dahl, 1957: 1060）

> 從道德觀點而言，人類全然平等；但就描述的、事實的、或經驗的觀點來說，人類不是且永不曾完全平等。（Dahl, 1996: 639）

　　然而，在價值語句並無真偽可言的論點下，政治學者雖然仍可進行政治評價，但這種研究的意義何在呢？換句話說，由於保留（一甲）與（一乙）兩個論點，價值語句因而仍然不具「認知意義」；可是，一旦放棄了「情緒說」，則價值語句具有何種意義呢？可惜，對於這個理所當問的進一步問題，R. Dahl存而不提不論。事實上，這個懸而不決的問題，依然隱藏在《現代政治分析》一書的各個修訂版本中。

　　一般而言，在《現代政治分析》一書的各個修訂版中，基本上有三種修正方式，足以顯現出R. Dahl僅是放棄「情緒說」，而乏進一步的剖陳。首先的修正方式，見諸價值的「終極根基」的論述。在第一版的「價值的根基」一節中（1963: 100-101），R. Dahl認為政治學者的見解，約可分為五種，而他本人主張第四種，亦

即肯定價值語句的「終極根基」，端在個人偏好。在第二版本中（1970a: 105-108），R. Dahl將「價值的根基」改成「價值判斷的效力」，進而指出政治學者的意見，約可分爲三大見解：自然主義、直覺主義，及非認知論（noncognitivism）。「非認知論者」主張價值語句有別於經驗述句，缺乏「認知地位」而毫無真僞可言。在一個註解中（1970a: 106, n3），R. Dahl坦承他是一位「非認知論者」。在第三版本中（1976: 132-137），R. Dahl將「價值判斷的效力」改爲「規範分析的品質」，從而指出四大見解：自然主義、直覺主義、非認知論或主觀主義，及語意分析。最值得注意的，在雷同第二版本的一個註解中（Dahl, 1976: 133, n3），R. Dahl悄悄地取消了身爲一位「非認知論者」的坦承文字。這似乎自覺到，若再繼續坦承是一位「非認知論者」，而肯定價值語句不具認知意義，則勢必答覆價值語句究竟具有何種意義的難題；既然不易回答，只得暫行迴避。自此之後，不論在第四版本（1984）或第五版本（1991），皆無這類的自白。

第二，在第三版的註腳中（1976: 138, n13），R. Dahl引介A. Ayer力主「情緒說」的大作《語言、真理及邏輯》一書，推崇它是一本「高度可讀性的、順暢易懂的、廣爲流傳的，及具有巨大影響力的著作」。然而，R. Dahl特別提醒讀者，「雖然A. Ayer已經修正了某些觀點，但在倫理學上仍是一位非認知論者或主觀主義者。」此處所謂的「修正」，當指A. Ayer放棄「情緒說」。值得注意的，在第四與五版中（1984: 123, 125; 1991; 120, 121），R. Dahl逐將主張「情緒說」時期的A. Ayer評爲「大膽」、「跋扈」，以及「盛氣凌人的改革者」。

第三，R. Dahl曾經宣判傳統政治理論或規範理論業已「壽終正寢」，而引起政治哲學家的「憎恨」（Birch, 1993: 227），但自第

三版(1976)起,非但毫無此類「大膽」的診斷,反有「式微」與
「復興」的專節評述,甚至指出歷來各種規範理論的無盡爭端,
正是展現「活力」的一個標誌。基於這樣的重新肯定,R. Dahl進
一步認為價值討論確實具有意義,因為它不但有助於「澄清我們
所服膺的原則、所面對的選項,及所提出的珍視理由」(1976:
139),而且「上百的理性學者皆在嚴肅地討論、闡釋、分析,及
論辯」(1984: 131; 1991: 129)。然而,依據筆者管見,前一理由只
不過是重申價值語句的「引號用法」。後一理由則訴諸「群眾」,
而非「論證」。值得注意的,事實上R. Dahl仍然認為,在價值的「終
極根基」的爭論上,「非認知論者」的批評,至今尚未獲得回答,
當然「也不可能得到結論性的答覆」(1976: 136)或者,「你的答案,
將會構成你自己的政治哲學與道德哲學」(1984: 137; 1991: 135)。

　　總之,就R. Dahl的價值中立的主張而言,「後行為主義」時期
不同於「行為主義」時期之處,端在於明白放棄「情緒說」,其他
論點則均保持不變。換句話說,在價值問題上,R. Dahl始終肯定
下述幾個論點:

一甲) 價值語句異於經驗述句。

一乙) 價值語句並無真偽可言。

二) 價值語句的「引號用法」,乃是一種經驗事件。

三) 單從經驗述句無法推得價值語句。

四) 研究者在檢定經驗述句時能夠保持中立。

　　然而,即使R. Dahl在檢定經驗述句時能夠保持中立,但在整
個理論建構過程中,依然能夠維持中立原則,從而駁斥「超驗理
論家」的批評嗎?下節謹就R. Dahl久享盛名的多元政治的理論建

構，進行剖析，從而試作解答。

三、多元政治的理論建構

在《民主理論芻議》一書中，R. Dahl本著價值中立的原則，首創多元政治的理論建構，並在隨後的一些著作中，繼續開展，力圖精益求精。此書的論述，雖曾引起一些爭議，但確爲R. Dahl奠定了歷久不衰的學術地位。除了「經典著作」（Held, 1987: 188）或「政治研究的範本」（Isaac, 1988: 132）這類也可應用到其他傑出著作的一般性美譽之外，它更在理論建構上榮獲罕見的贊語，例如「它被接受爲一本突破性的著作，而可能影響政治理論的方向，以及其後的政治學」（Peter, 1977: 145）。尤須提及的，一位批判者在批評之餘，竟然也指出：「它逕向政治理論的陳腐廳堂，吹進一股令人爲之一振的新鮮氣息」（Morgan, 1957: 1040）。然而，無論如何，我們總要究問，「行爲主義」時期建立起來的多元政治理論，實際上果真秉持價值中立原則以進行理論建構，從而竟能在「後行爲主義」時期中依然屹立不搖，並足以抵擋諸如「內隱著或外顯著個人價值」一類的抨擊嗎？

古往今來，政治研究者致力於民主政治的鑽研，可說不遺餘力，可是，直至20世紀，政治學界仍然充斥著各色各樣的、甚至針鋒相對的「各種」民主理論，而缺乏眾所接受的「一個」民主理論。當然，多樣的民主理論，自有多種的建構方法。R. Dahl指出（1956b: 1-2），即使只是摘取其中某些建構方法而列成一覽表，此表的長度，依然足夠令人驚異不已。在這些不可勝數的建構方法中，R. Dahl選用兩種「並非互斥的」方法（Dahl, 1956b: 63），而來建構多元政治理論。第一種方法是「極大法」（method of maximization），第二種方法則是「描述法」（descriptive method）。

　　所謂建構民主理論的「極大法」，乃指建構者將民主政治視為一種「極限狀態」，從而設定一個或多個所要極大化的目標或價值，進而探究某些極盡實現這類目標或價值的必要條件。例如，民粹理論（populistic theory）就設定「政治平等」與「主權在民」為所要極大化的兩個目標或價值。然而，自R. Dahl看來，民粹理論家所建構的，只不過在為一種極盡政治平等與主權在民的必要程序規則，提供一個「形式上的再界定」罷了，並未涉及真實世界中的任何事物，因而僅止於一項純屬「設理推演」的練習。為了矯正這種缺失，R. Dahl提出兩種處理方式。第一種方式，乃是訴諸價值中立的原則，第二種方式，則是併用「描述法」，俾便直接指涉真實世界。前一種方式，就是在將政治平等與主權在民，視為理論建構的「已知條件」，而不試圖去加以驗證、解釋或合理化。他說：「我們在將目標或價值當作與件（are taken as given）的意義下，去建構一個倫理中立的極大化理論」（Dahl, 1956b: 2）。值得注意的，R. Dahl雖然明確指出政治平等與主權在民，乃是民粹理論所要極大化的兩個目標或價值，但卻未曾「白紙黑字」明言，多元政治理論所要極大化的目標或價值，同樣也是這兩個。然而，依其論述脈絡，我們可以十分肯定，政治平等與主權在民，顯然也是多元政治理論所要極大化的兩個目標或價值。

　　後一種方式，首在要求「運作的」（operational）。所謂「運作的」，依據R. Dahl（1956b: 2）的說明，「乃指理論中各個關鍵界說，標示著一套有關真實世界的觀察，或指明一組進行觀察的程序，或兩者皆是」。那麼，如何使得純屬「設理推演」練習中的兩個極大化目標或價值，落實在真實世界呢？R. Dahl指出，上述兩個所要極大化的目標或價值，具有下述三個可以運作化的特徵：一、

政府執行的政策，乃是政治系統成員最偏好的政策選項；二、在
選擇政府各種政策選項的過程中，每位成員的偏好，同具等值而
無輕重貴賤之別；三、大多數成員所偏好的選項，即是政府所要
執行的政策。

　　然而，欲使第一個特徵在實際上成為「可運作的」，則須忽視
各個成員的「偏好程度」的問題。因為我們雖然深信各個成員偏
好的強弱程度不一，但卻「不能直接觀察與測量人際間的偏好差
異」（Dahl, 1956b: 118）。進一步說，一旦引入「偏好強度」的課
題，則會惹起下述難題：當較多數成員微弱偏好某一政策甲，但
較少數成員則強烈偏好另一個互斥的政策乙時，政府執行政策
甲，可以說是在推行「政治系統成員最偏好的政策選項」嗎？在
忽視各個成員的「偏好程度」之下，第二、三特徵也就易於訴諸
觀察。然而，由於「政治平等的條件，明顯要求可互換性
（interchangeability）」（Dahl, 1956b: 65），因而所須觀察的事例，不
能僅限於單次的決策，而須一系列的決策事例。所謂「可互換性」
是指，若在偏好政策甲的成員人數中，某些部分成員轉成偏好另
一政策乙，而在偏好政策乙的成員中，也有相同成員人數轉成偏
好政策甲，則這種人數上的轉換，並不會左右政策選擇的結果。
我們試依R. Dahl所舉的例子，略加例釋。假設我們觀察到某個政
治系統中多數成員偏好政策甲甚於政策乙，並假設該系統中有位
獨攬大權的獨裁者張三。當張三包含在「多數成員」中時，政府
執行政策甲；當張三屬於「少數成員」中時，政府執行政策乙。
顯然的，若僅觀察單次決策，而在該次決策中，張三恰好也是「多
數成員」中的一位，那麼就不能偵知該系統違反政治平等或主權
在民兩大價值了。

　　然而，假設在一系列決策事例中，張三總屬於「多數成員」

中,而政府也皆執行政策甲,但我們懷疑,一旦張三屬於「少數成員」中,政府便會執行政策乙。那麼,研究者的適當觀察對象,究竟是什麼呢?R. Dahl指出(1956b: 65),在設定某種行動(例如投票)作為成員偏好的適當指標下,「政治平等的唯一運作檢定」,乃是多數決規則在多個系列決策事例中被遵守的程度。如此一來,在真實世界中,理論建構者到底應該運用何種指標代表成員偏好呢?究竟應該觀察多少系列的決策呢?在R. Dahl看來,理論建構者應在「極大法」之下,引入「描述法」,藉以觀察不同決策情境或階段,從而選用不盡相同的指標,代表成員的偏好。

所謂建構民主理論的「描述法」,是指建構者試將政治學家共同稱為「民主的」所有國家與社會組織,視為單一類別的現象,進而詳加檢視,以期發現它們共同具有的顯著特徵,並披露出它們具有這些特徵的充要條件(Dahl, 1956b: 63)。那麼,依據「描述法」,針對政治學家所指的「所有民主國家與社會組織」,可以檢視出哪些共同特徵及其充要條件呢?在檢視共同特徵上,R. Dahl認為建構者至少必須先行區別兩個階段:選舉階段與非選舉階段。前一階段則包含投票、前投票及後投票等三個時期。如此,理論建構者可在不同階段,選用不盡相同的偏好指標,從而篩選出下述八項特徵(Dahl, 1956b: 67-71, 84):

甲、 選舉階段

一、投票時期

1.每位成員在排定的諸選項中,採取行為(例如投票或資助政黨)以資表達偏好。

2.在計算這些偏好表示(投票)上,每位成員的選擇,同具相等的分量。

    3.獲得最多票數的選項，即是獲勝的選項。

 二、前投票時期

    4.任何成員察覺一個或一組選項，比起當前排定的任何
      一個選項來，更符合其偏好時，該成員能將該項或該
      組選項，插進原先排定的諸選項中，以供投票選擇。

    5.所有成員對於各種選項具有等量的資訊。

 三、後投票時期

    6.獲得最大多數票的選項(領導者或政策)取代任何少數
      票的選項(領導者或政策)。

    7.當選官員的命令，被貫徹執行。

乙、 非選舉階段

    8a.所有非選舉階段上的決策，乃在執行(或附屬於)選舉
       階段上所達成的決策；亦即，選舉在某種意義上具有
       控制作用。

    8b.或者，非選舉時期的各種新決策，得在相當不同的制
       度環境下運行，但必須受到上述七項特徵的支配。

    8c.或者，8a 與8b 兩者皆是。

    值得注意的，依據R. Dahl的說法，上述八項特徵，雖從真實世界中「所有民主國家與社會組織」的檢視而得，但皆屬「極限條件」；任何人類組織絕少或從未實現這些高懸的條件，因而每項特徵或條件，皆須以連續體或尺度上的最頂點，而來加以闡釋。在當前的真實世界中，各色各樣的不同國家或組織，則各以出入甚大的差別程度，趨向這八項特徵或條件。誠然，這八個連續體或尺度彼此之間的相對重要性，目前尚無法設定出「有意義的權數」(Dahl, 1956b: 73)，而不能求得一個完美的測度。然而，假使

每一個連續體或尺度各自皆可「公制化」或量化,則可建立起頗富旨趣而又有助於精深探究的政體類別。根據R. Dahl的看法,假使每個連續體或尺度的測量刻度,是從末端的0至頂端的1,那麼,當一個國家或組織,在這八個尺度上獲得的數值,全部等於或大於0.5,即為「多元政治」;而在「多元政治」的類別內,當其八個數值皆等於或大於0.75,則為「平等的多元政治」(egalitarian polyarchies),否則便屬「非平等的多元政治」(non-egalitarian polyarchies)。當一個國家或組織所獲得的八個數值,全部皆小於0.5,即為「層級政治」(hierarchies);而在「層級政治」的類別內,當八個數值中有某些數值等於或大於0.25,便為「寡頭政治」(oligarchies),而當八個數值中任何數值皆小於0.25,則為「獨裁」(dictatorship)。當一個國家或組織在所得的八個數值中,至少有一數值大於或等於0.5,而至少另有一數值小於0.5時,即為「混合政體」(mixed polities)(Dahl, 1956b: 87)。

依據R. Dahl的說法,上述設定的「多元政治」,包含著西方政治學家通常稱為「民主的」國家或組織。那麼,進一步按照「描述法」,理論建構者針對這些政治學者所指的民主國家或組織,到底可以指陳何種條件就是促成多元政治的充要條件呢?R. Dahl認為這項任務,雖然超出當前政治學界的能力範圍外,但建構者或可憑藉相當的經驗證據,提出一些先行條件(preconditions),進而設定某些假設性的函數關係。

顯而易見的,假使政治系統或組織的成員,不將上述八項特徵或極限條件,當作理應遵守的八項規範(norm),那麼他們就無法極大化政治平等與主權在民兩個目標了。這也就是說,多元政治的存在程度,密切關連著這八項特徵或規範「被接受為可欲的程度」,因此,「假定八個基本規範的同意程度(或共識)是可測量

的」（Dahl, 1956b: 75），則建構者便能剖陳多元政治的先行條件，
及其假設性的函數關係。筆者試將R. Dahl條列的十個符號式
（Dahl, 1956b: 86- 87），簡化如下，進而依其旨意予以說明：

(1) $P_i \uparrow C_i$　　　　　　　$(i=1, 2, ..., 8)$

(2) $P \uparrow (C_1, C_2, ... C_8, X)$

(3) $C_i \uparrow S_i$　　　　　　　$(i=1, 2, ..., 8)$

(4) $C \uparrow (S_1, S_2, ... S_8, X)$

(5) $P_i \uparrow S_i$ and $P \uparrow (S, X)$

(6) $S \uparrow C_a$

(7) $S \uparrow C_a$

(8) $S_i \uparrow (C_a, C_i)$　　　　$(i=1, 2, ..., 8)$
　　　$S \uparrow (C_a, C_1, C_2, ..., C_8)$

(9) $P \uparrow (A, X)$

(10) $P \uparrow (C_a, C_1, C_2, ..., C_8, S, A, X)$

在式(1)中，P_i是指多元政治的各個特徵或規範，例如P_1即指
八項特徵或規範中的第一個特徵或規範。C_i是指系統成員對於八
項規範中各個規範的共識程度或同意程度，例如，C_1即指成員對
於第一項規範的共識或同意程度。$\uparrow$符號代表，當所有其他因素
固定時，依賴變項是獨立變項之正的、遞增的函數。因此，式(1)
意指，多元政治中的各項特徵或規範，隨著成員同意各該項特徵
或規範的程度，而呈現出正的遞增關係；這也就是說C_i乃是多元
政治的一種「先行條件」。例如，$P_1 \uparrow C_1$是指多元政治中的第一項
特徵，隨著成員同意第一項特徵的程度，而呈現出正的遞增關係。
式(2)中的P代表多元政治；C_1至C_8即指系統成員對於八項規範的

各別同意程度；X則意指，除了C_I之外，多元政體所須依賴的其他先行條件。因此，式(2)乃指，在其他條件均屬相同之下，多元政治隨著成員同意八項規範的程度，呈現出正的遞增關係。進一步說，八項規範的同意程度，理應取決於家庭、學校、教會、俱樂部及傳播媒體等各種「社會訓練過程」。換而言之，政治系統內的各個成員，透過各種政治社會化的過程，或強或弱地學得八項規範的共識或同意。若可測量出這些過程的應用程度，而以S_i代表八項規範中各項規範的社會訓練程度，則式(3)乃指各項規範的同意程度，隨著各該項規範的社會訓練程度，而呈現出正的遞增關係。式(4)也就代表，當其他條件均屬相同時，八項規範的同意程度，隨著八種社會訓練程度，而呈現出正的遞增關係。此外，從上述諸式，則可推出式(5)：多元政治中的各項特徵，隨著各該項的社會訓練程度，而呈現出正的遞增關係；當其他條件均屬相同時，多元政治隨著八項社會訓練程度，而呈現出正的遞增關係。

誠然，不同的國家或組織，雖然皆對各種年齡層的成員，透過正式或非正式的種種機制，進行各種規範的社會訓練，但所得的成效，卻常互有出入，甚至大相逕庭。造成這種情況的因素，固然是多方面的，但R. Dahl(1956b: 77)認為，上述八項規範的社會訓練程度關聯著政策選擇的共識或同意，乃是其中主要的緣故。因此，建構者可以設想各個成員在各種政策的選擇上，愈能展現出高度的共識或同意，則在八項規範的社會訓練上，愈能收到非凡的成效。若以C_a代表各種政策選擇上的共識程度，則式(6)乃指，八項規範上的社會訓練程度，隨著各種政策選擇上的共識程度，而呈現出正的遞增關係。如此一來，從式(5)與(6)，便可分別推出式(7)與(8)。式(7)乃指，多元政治隨著各種政策選擇上的共識程度，而呈現出正的遞增關係。式(8)則指，八項規範中各

個規範上的社會訓練程度，隨著各種政策選擇上的共識程度，以及八項規範中各該項規範的同意程度，而呈現出正的遞增關係；同時，八項規範上的社會訓練程度，隨著各種政策選擇上的共識程度，以及八項規範的同意程度，而呈現出正的遞增關係。進一步說，式(9)中的A，是指選舉中參加投票、資助政黨、誘導他人圈選特定候選人，以及致函選區議員等政治活動或政治參與。因此，式(9)乃指其他條件均屬相同時，多元政治隨著政治參與而呈現出正的遞增關係。值得注意的，在《民主理論芻議》一書中的附錄裡，R. Dahl(1956b: 89)特別慎重指出，多元政治和政治參與之間的關係，可能遠比式(9)所表示的更為錯綜複雜，而須進一步的小心鑽研。這兩者之間的複雜關係，正是本章下一節所要剖析的主題。

顯而易見的，從式(1)到式(9)，自然可以推得式(10)：當其他條件均屬相同時，多元政治隨著各種政策選擇上的共識程度、八項規範的同意程度、八項規範的社會訓練程度、以及政治參與等，而呈現出正的遞增關係。總而言之，理論建構者已依「描述法」，提出了C_a、C_i、S，及A等多元政治的「先行條件」，並設定了式(1)至式(10)的各種「假設性的函數關係」。

至此為止，筆者已經根據R. Dahl所謂的兩種互補方法(極大法與描述法)，扼要剖析了多元政治理論的整套建構。誠然，自《民主理論芻議》一書之後，R. Dahl本人確曾繼續推展多元政治理論，並釐清某些惹起誤解的語詞涵義。然而，就政治學方法論的角度看來，這些後續的理論建構，基本上同於原先的建構方式，儘管先後所用的詞彙，略有出入。為節省篇幅，下文試將這些後續發展，分成下述四點，稍加敘述。

第一，R. Dahl曾將政治平等與人民主權兩個所要極大化的目

標或價值,改稱爲「政府在政治上平等對待所有公民的偏好,並且完全或幾乎完全予以回應」的一種理想、或極限狀態、或尺度上的頂點,從而逕就公民偏好設定「三種表達及被平等權衡」的機會(Dahl, 1971: 1-2);或者,改稱爲「同意與政治平等」,從而再次重述公民應該具有的三種機會(Dahl, 1981: 4-8);或者,改稱爲「一種理想的、理論的、或人類可能性之極限外的」民主過程,從而設定「公民自行統治」的五個判準:投票平等、有效參與、明確瞭解、控制議程及涵蓋性等(Dahl, 1982: 5-7);或者,改稱爲「人民經由民主過程而自行統治」的一種不可讓渡的權利,從而試就民主結社及其成員的性質,設定六個假定,並再次重申民主過程的五個判準,進而宣稱這五個判準「完全符合我們所謂的政治平等」(Dahl, 1985: 56-60);或者,將上述六個假定(或其中兩個假定)與民主過程的五個判準,合稱爲「程序民主」或「程序民主說」(doctrine of procedural democracy)(Dahl, 1986: 139-143, 189-225);或者,將上述民主過程的五個判準,再次強調爲「理想標準」(Dahl, 1989: 108-113)。總而言之,在三十幾年的繼續開展中,這些不盡相同的、或多或少的假定,以及五個判準,基本上乃是原先兩個極大化目標的精巧化成品。

第二,爲使多元政治理論更易於訴諸經驗檢定,Dahl乃將原先設定的八個極限條件,改爲下述八種達成「極限狀態」的必要制度:1. 結社權,2. 意見自由權,3. 投票權,4. 擔任公職權,5. 自由而公平的定期選舉,6. 諸政治領導人角逐公民的支持,7. 政府政策依賴在選票與其他的公民偏好上,8. 公民能夠掌握最佳可能的資訊,至少能夠接觸那些不在任何精英團體控制下的資訊(Dahl, 1971: 3;1981: 429)。或者,改稱爲「界定現代民主國家」或「多元政治」的七種制度:1. 選任官員控制決策權,2. 自由而公平的

定期選舉，3. 投票權，4. 角逐公職權，5. 言論自由，6. 資訊權，
7. 結社自主權(Dahl, 1982: 10-11; 1989: 221)。若這七或八種實現
民主過程的必要制度，可以量化並合成單一向度或一個連續體，
而可從最頂端的理想民主政治，按照民主政治的遞減成分，依次
延伸，終至最末端的專制政治(autocracy)，那麼，真實世界中的
各個國家，就可區分爲霸權政治(hegemonies)、混合體系(mixed
systems)，以及多元政治等三個類別(Dahl, 1981: 427-428)。在多
元政治的類別中，又可按照所要處理之公共政策的複雜性，區分
成階段性的三種次級類別：polyarchy I、II、III(Dahl, 1989: 335-
341)。

　　第三，R. Dahl(1971: 4-9)曾將上述八種實現民主過程的必要
制度，闡釋成爲「政治競爭」和「參與權利」兩種理論向度，進
而探究「民主化」(democratization)的課題。這就是說，各種政體
可在這兩個理論向度所組成的二度空間內，分別予以定位，從而
追尋各類政體的民主化路徑。依據R. Dahl的分析，在這兩個理論
向度內，雖然可以指稱無數的政體，也可標舉無限的民主化路徑，
但若將政體約略分成封閉性的霸權政治(closed hegemonies)、包含
性 的 霸 權 政 治(inclusive hegemonies)、 競 爭 性 的 寡 頭 政 治
(competitive oligarchies)，以及多元政治，則就歷史過程而言，邁
向多元政治的民主化路徑便有下述三條：一、從封閉性的霸權政
治、邁向競爭性的寡頭政治、再轉成多元政治；二、從封閉性的
霸權政治、走向包含性的霸權政治、再轉成多元政治；三、從封
閉性的霸權政治直接趨向多元政治(Dahl, 1971: 34-35)。

　　第四，依據R. Dahl(1989: 2-6)的見解，「民主政治」乃是當代
最盛行而人人樂頌的一個語詞，即使獨裁者仍然不會公開拂逆，
甚至不得不時常宣稱某些「非民主的」措施，乃是邁向民主的權

宜之計。換而言之，在當代，「民主政治」一辭，與其說是一個具有特定意義的詞彙，毋寧說是一種普受頌揚的含糊觀念。根據R. Dahl的分析，這種含糊的流行觀念，基本上具有兩種意義：描述意義（或經驗意義）與理想意義。後一種意義乃指一種假想的、完美的、極限的、可能不存在的民主政治，但可用來評估實際政體趨近這種「理論極限」的程度（Dahl, 1971: 2；1981: 427；1982: 4；1986: 229）。前一種意義則泛指各種實際上存在或曾經存在的民主政治，例如一般所謂的間接民主或直接民主。在現存或曾有而堪稱民主政治的各種政體中，有一種具有「現代代議政府之所有政治制度特徵」的政體，則可稱為「多元政治」或「多元民主政治」（polyarchal democracy）或「現代民主系統」或「民主政體」或「民主國家」或「大規模民主政治」（large-scale democracy）或「代議民主」（representative democracy）（Dahl, 1970b: 78; 1982: 11; 1981: 427; 1989: 5, 177, 218; 1993: 276; 1996: 645; Dahl and Tufte, 1973: 27, n9）。R. Dahl指出，政治研究者若不區別「民主政治」的這兩種意義，則會在論述中「產生不必要的混亂與本質上不相干的語意論證」（Dahl, 1971: 9, n4），或「創造出龐雜的紛擾，從而惹起令人吃驚的、無休止的巨量爭議」（Dahl, 1981: 427）。顯然的，依據R. Dahl的見解，為了避免這種無謂的紛爭，就須恪遵本章上一節評述的價值中立的（一甲）論點，而以「多元政治」取代「民主政治」中純屬描述意義而又具「現代代議政制」的指稱部分。根據他的進一步說明，在英文用法中，「多元政治」一辭最早出現在1609年，意指「多數統治」或「多數統治者」，但首先引入現代政治學中的，乃是R. Dahl與C. Lindblom（Dahl, 1981: 461； Dahl and Tufte, 1973: 27）。這兩位學者原以「多元政治」指涉「一種過程」（Dahl and Lindblom, 1976: 275），但其後在R. Dahl本人的一系列著

作中，則因「用途多寡」的斟酌，轉而指涉「一套制度」(Dahl, 1986: 230)。值得注意的，R. Dahl認為我們至少可以分從下述六種不同但相互關連的角度，而來闡釋這種意義上的「多元政治」：

1. 在上述七或八種制度上，各具一定水準的現代政體；
2. 民族國家(nation-states)的民主化產品或歷史結果；
3. 實現民主過程所不可或缺的一套政治制度；
4. 控制政治精英角逐公職的一套系統；
5. 保障並發揮七或八種政制功能的權利體系；
6. 政治權力分配在各種頗具自主性的組織中。

(Dahl, 1986: 230-233, 241-242; 1989: 218-219)

至於「民主多元主義」或「多元主義民主」(democratic pluralism or pluralist democracy)語詞中的「多元主義」，則指「組織的多元主義」(organizational pluralism)，意指一個國家中存在著相當多數而頗具自主性的各種組織(Dahl, 1982: 1, 5; 1986: 234)。

在爬梳多元政治理論的整套建構之後，我們終要探問，這種理論建構的進行方式，是否如同「行為主義」時期R. Dahl所標榜的，實際上果真堅守著價值中立的原則嗎？或者，就像「反行為主義者」或「後行為主義者」所抨擊的，它只不過是用來掩飾R. Dahl個人價值偏好的一種煙幕呢？下文試就幾個論點，分別加以解析。

第一，在以「多元政治」取代「民主政治」的各種質疑中(例如，Graham, 1972: 84; Hanson, 1989: 69)，最值得注意的，莫過於G. Sartori直接指向價值中立的評論。G. Sartori(1962: 4-5; 1987: 7-8)指出，「民主政治」一辭，雖在描述意義上含糊不清，甚至滋生

誤解,但在規範意義上卻具有不可忽視的「規約目標」(prescriptive purposes)。就重要性而言,後一種意義並不亞於前一種意義;就應用性來說,兩者非但不能「互爲取代」,反而須要「互依互賴」。G. Sartori甚至認爲,民主政治究竟是什麼的「實然」,無法脫離民主政治到底應該是什麼的「應然」;只有在民主政治的「應然」範圍之下,民主政治的「實然」才能存在發展。據此而論,試以「多元政治」一辭取代「民主政治」中的描述意義,也就失諸「單純」了。何況,「多元政治」原本僅具某種字面意義,但經R. Dahl的「琢磨」後,就擁有六種密切關連的豐富涵義了。顯然的,R. Dahl所謂的「多元政治」,具體展現出其本人的價值偏好或理想色彩,而非純具描述意義。

G. Sartori的評論,誠然振振有詞,但依筆者管見,尚不足以直搗R. Dahl所主張的價值中立原則。G. Sartori的批評,涉及本章上一節評述的價值中立的第一與第四個論點。根據上節的剖析,在主張價值中立的第一個論點上,「行爲主義」時期的R. Dahl贊成其中的(一甲)與(一乙)兩個次級論點,但對於(一丙)的立場,則前後不一致;自「後行爲主義」興起以來,R. Dahl仍然固持(一甲)與(一乙),但明確放棄(一丙)。筆者曾經指出,就主張價值中立的第一個論點而言,一旦放棄(一丙),則須答覆價值語句究竟具有何種意義的難題,但R. Dahl始終避而不談。實際上,在方法論的研究領域內,承繼「情緒說」而起的,至少尚有「修正的情緒說」與「規約說」(參見郭秋永,1988:第六章)。依據「修正的情緒說」,價值語句或價值語詞(例如「民主政治」)既包含情緒意義、又包括描述意義,但其情緒意義扮演「優先角色」。按照「規約說」,價值語句或價值語詞既包含描述意義、又具有推薦、贊許及引導等的規約意義,但這兩種意義獨立變動。據此而言,G.

Sartori所謂「民主政治」一詞中的描述意義與規範意義，非但不能「互為取代」、反而須要「互依互賴」的評論，雖因未能進一步標明「互依互賴」的關係性質，而稍嫌粗略，但大體上雷同「修正的情緒說」與「規約說」的論述基調，因此確比停滯在(一甲)與(一乙)的R. Dahl，更能彰顯價值中立第一個論點的底蘊。然而，這並不意謂G. Sartori質疑(一甲)與(一乙)；相反的，他也十分贊同。他說：

> 我對價值中立問題的抱怨，在性質上有所差別?此處我所關切的，乃是「理論」，尤其是民主政治的理論。在這一方面上，價值中立要求描述與評價的分離。(Sartori, 1987: 5)

> 即使我們不贊成價值的情緒說，但價值語句不具認知地位，依然是一件明白的真理。(Sartori, 1962: 167; 1987: 270)

至於「多元政治」經過R. Dahl琢磨後，就開展出六種豐富的涵義並從而具體展現出價值偏好或理想色彩的評論，則涉及第二節評述的價值中立的第四個論點。依據上節的解析，在政治分析能否成為價值中立的爭執上，R. Dahl認為論戰諸造實際上皆會同意六個要點。其中第2項要點即是，「拋棄價值而唯靠經驗知識，便不可能提供政治現象之重要性與相干性的判準」。顯然的，R. Dahl並不在下述意思上主張價值中立：拋棄價值偏好，便可對政治現象提供相干性的判準。據此而言，即使R. Dahl完全憑藉價值偏好或理想色彩，提供「多元政治」的六個判準，依然不違反其所主張的價值中立。總之，就價值中立的第一個論點而言，G.

Sartori的評論，雖比R. Dahl的見解，更為深入精細，但仍然肯定（一甲）與（一乙）兩個論點；就價值中立的第四個論點來說，G. Sartori的批評，雖屬正確，但無礙R. Dahl所主張的價值中立的成敗。

第二，一些政治學者時常批評多元政治的理論建構，隱藏著保守主義或保守的意識型態，從而夾帶著價值偏好，而不能堅守價值中立的原則（例如，Duncan and Lukes, 1963: 168; Walker, 1966: 289-391; McCoy and Playford, 1967: 3-4; Skinner, 1973: 300-304）。大體而言，這類評論的著眼點，約略計有兩種：其一乃針對多元政治理論中政治參與的相關命題，另一則專指《民主理論芻議》一書中一段明顯披露出價值偏好的文字。前者的討論，請見本章下一節的解析，此處僅陳述後一種評論。

R. Dahl曾在《民主理論芻議》一書中的最後段落中說：

> 美國的政治系統……只要民主政治的社會必要條件在這個國家中實質上不太變動，則就強化同意、鼓勵穩健及維持社會和平而言……它似是一個相當有效的系統。那麼，美國人促進政治藝術的成就，尤其是對政治藝術中最艱難的部門──民主政府的藝術──所作的貢獻，確實不容忽視。（Dahl, 1956b: 151）

對於這段「明顯偏愛美國政治系統」的文字，批判得最尖銳的，或許就是J. Lively（1990: 56）。根據他的見解，在十分瑣碎的意思上，亦即在研究者不熱中於任何個人價值偏好上，政治理論的建構，也許可能保持價值中立的原則。然而，即使在這種十分瑣碎的意思上，R. Dahl依然不能堅守原則，反而明目張膽地彰顯他對美國政治系統的價值偏好。

　　依據筆者的管見，R. Dahl或可訴諸下述A與B兩種方式，試圖反駁這類的批評。就A而言，R. Dahl一方面可從這類評論，斷定批評者實際上已經預設或承認價值中立(一甲)與(一乙)兩個論點，然後才會指責「彰顯價值偏好」的不當，另一方面則可坦承，雖已力持(一甲)與(一乙)兩個論點，但終究免不了一時疏忽，因而理應接受責難，進而從善如流取消這段不當文字，俾使整套理論建構，益形完整無缺。就B而言，R. Dahl或可借用E. Nagel(1961: 491-495)的見解，而來指明「明顯偏好美國政治系統」的正當性。依據E. Nagel的說明，價值語句或價值判斷具有下述兩種十分有別的意思：鑒賞性的價值判斷(appraising value judgement)與特徵性的價值判斷(characterizing value judgment)。前者乃指我們對於某種行動或制度所表達的贊許或不贊許；後者則指我們基於某種行動或制度「共同確認並可清楚指明的特性」，而來評估該種行動或制度，因而是一種不涉個人價值偏好的判斷，也就是一種價值中立的判斷。據此而言，R. Dahl或可指出，由於美國政治系統具有「共同確認並可清楚指明」的社會必要條件，因而在「強化同意、鼓勵穩定及維持社會和平」上，乃是一個相當有效的政治系統；這樣的判斷，實質上就是「特徵性的價值判斷」，而未違背價值中立的原則。當然，B種答覆的成立與否，繫於所謂的「共同確認並可清楚指明的特性」的舉證上。誠如，R. Dahl本人所說，美國政治系統也具有一些偏頗的特徵或困境(Dahl and Lindblom, 1976: xliii; Dahl, 1982: 40-53, 96-107)，那麼，究竟何種特性，就是「共同確認並可清楚指明的特性」，而應該用來評估美國政治系統呢？顯然的，這尚須奠基在價值語句或價值判斷的進一步思辨上，但R. Dahl只是放棄「情緒說」，而乏深入的剖陳。這或許是他無奈地擁有「自由主義者」、「精英論者」、「民主社會主義者」、「無政府

之列，俾使它們頓失著力點。換句話說，R. Dahl或可指出，這些批評雖然言之成理，但在價值中立的第四個論點上，由於他本人只是主張「在經驗述句的檢定上，研究者能夠保持中立」而已，因而使得這些批評形同無的放矢。事實上，R. Dahl確實採取類似的反駁方式。他在《多元政治》一書中慎重指出：

> 本書運用的概念架構，反映出一個贊成多元政治、反對低度民主化政權的服膺（commitment）——或如他人所見的，這乃是一種偏見。然而，所要進行的分析，獨立在我贊許多元政治的服膺或偏見之外。（Dahl, 1971: 31-32）

A. Lijphart（1972: 418）則將上段引文闡釋為：「若這些或其他的偏見並未影響經驗述句的陳述與檢定，則在科學上它們是不相干的。」

果真如同R. Dahl或A. Liphart所說，政治研究者在陳述並檢定經驗述句上，可以保持價值中立嗎？或者，經驗述句的陳述與檢定，可以獨立在價值偏好之外嗎？依筆者管見，從「政治平等與主權在民」兩個極大化目標或價值的設定，推出三個「可運作的特徵」，再導出八項「極限條件」，終而提出十個「假設性的函數關係」等整套的理論建構，我們可以十分清楚地看出：由下往上，十個「假設性的函數關係」的提出、以及尚待進行的檢定，都受到各個建構步驟的「層層制約」；從上自下，一旦設定了兩個極大化的目標或價值，則如同瀑布傾瀉，便具有從上而下的連鎖限定作用。這就是說，十個經驗述句的陳述與檢定本身，雖然可以保持價值中立的原則，不因個人的價值偏好而左右檢定結果，但為何要檢定這十個經驗述句，而不檢定其他也可以假設的函數關係

呢？顯而易見，此乃受到整套理論建構中價值前提的限定；亦即，
一旦設定了所要極大化的目標或價值，就預先決定了所要檢定的
經驗現象的範圍。因此，我們可以斷定，研究者縱然在陳述並檢
定個別的經驗述句上，可以維持價值中立，但從整套理論看來，
這種中立性依然是價值前提限定下的中立性（參見郭秋永，
1996）。

四、政治參與和幅員大小

　　政治參與素來就是民主政治的核心，因而政治學者對於多元
政治理論的批評，雖然涉及相當寬廣的範圍，但主要的批判焦點，
尤其是「參與民主理論家」（theorists of participatory democracy）的
抨擊，幾乎不約而同地全部瞄準其中有關公民政治參與的論點，
進而指責多元政治理論深藏著濃厚的價值偏好。換而言之，這種
責難的四射火力，集中在多元政治理論中第(9)式的「假設性的函
數關係」及其實證結果上。本節所要剖陳的，就是這個第(9)式及
其惹起的價值中立的紛爭。

　　本章上一節曾經指出，多元政治理論中的式(9)，乃是P↑(A,
X)，意指其他條件均屬相同時，多元政治隨著政治活動而呈現出
正的遞增關係。然而，在《民主理論芻議》一書中的附錄裡，R. Dahl
（1956b: 89）鄭重指出，於美國政治系統中，社經地位愈低的公民，
愈具威權心態（authoritarian mind），愈不可能介入諸如競選活動之
類的政治活動。因此，一旦提高了政治活動，而將這些身具強烈
「威權心態」的低社經地位公民，帶進政治舞台，則諸政治活躍
者之間原具的共識程度，必定下滑，多元政治的水準也就隨之下
降，而非隨之呈現出正的遞增關係。據此而言，式(9)可能無法掌

握多元政治與政治活動之間的複雜關係，而須進一步的鑽研。然而，式(9)終究只是尚待經驗檢定的一個「假設性的」函數關係；一旦訴諸經驗現象，式(9)能夠經得起真實世界的嚴格檢定嗎？

依據R. Dahl(1981: 365)的術語用法，我們可以十分肯定，式(9)中A所代表的「政治活動」就是「政治參與」。大體而言，在政治參與的經驗研究上，G. Almond與S. Verba於1963年問世的《市民文化》(*The Civic Culture*)，乃是一本公認的開創性名著。然而，G. Graham(1972: 67)慎重指出，《市民文化》中有關政治參與的討論，實際上卻是建基於R. Dahl在1961年出版的《何人治理》(*Who Governs?*)之上。從這個指證，我們益加肯定R. Dahl在政治參與的經驗研究上，確實具有開創性的重要貢獻。然而，無論如何，經過筆者的反覆探查，不論在《何人治理》，或在其他相關著作中，R. Dahl從未試就「政治參與」，提供一個完整的正式界說。因此，在剖析式(9)所引起的紛爭之先，我們勢須分從R. Dahl的各類相關著作，進行一番爬梳的工作，俾便例釋其所謂的「政治參與」的意義。

在《民主理論芻議》一書中，R. Dahl(1956b: 72)所謂的政治參與，包含參加投票、資助政黨、出席政黨集會、致函選區國會議員、替政黨或候選人工作、勸導他人採取相同政治觀點、誘使他人投票給特定候選人等項目。在《何人治理》一書中，R. Dahl(1961b: 278, 342-343)首將政治參與的指標，區分成競選參與指標、非競選參與指標及地方性活動指標等三種。競選參與指標包括參加政黨提名、出席捐款餐會、向人拉票等九項有關競選期間的參與活動；非競選參與指標是由曾跟朋友談論政治、為某種議題(issue)而接洽地方政府官員或政治人物、在地方問題或議題上扮演積極角色，以及近年來曾為某問題接洽政府官員或政治人物

等四個項目組成;地方性活動的指標,乃根據被訪問者在上述兩種指標中諸項目的問卷回答方式,各別分派一定的權數(weight),從而合併組成。在《幅員大小與民主政治》(*Size and Democracy*)一書中,則將政治參與分成投票與他類參與;前者乃指公民參加全國性選舉中的投票,後者包含政治興趣、政黨興趣、政治組織成員、參加政治集會、替某政黨工作等(Dahl and Tufte, 1973: 44-51)。在《美國民主政治》(*Democracy in the United States*)一書中,政治參與則包含非公開性的參與(private participation)、廣泛性的參與(border political participation)、接洽公務人員(bureaucratic encounter),以及參加全國性或地方性選舉中的投票(Dahl, 1981: 365-368)。非公開性的參與,包含閱讀報章雜誌中的政治訊息、觀看電視新聞、收聽候選人廣告、跟親朋好友或鄰居或同事談論政治。廣泛性的參與,乃指公民角逐選任公職、資助政黨或候選人、為某政黨或候選人拉票、為達成某種政治目標而跟他人合作、擔任黨職、接洽民選官員,以及組成壓力團體等。接洽公務人員乃指公民為了所得稅、財產稅、違反交通規則罰單等,而訴求有關單位的公務人員。

從上述的臚列項目,我們可以指出幾個重要論點。第一,R. Dahl所謂的政治參與,涉及相當廣泛的範圍,不但包含公民的各種「行為」項目,而且包括政治興趣、政黨興趣、閱讀報章雜誌、收聽廣播,或觀看電視新聞等一般用來測量「公民態度」的項目。然而根據其多元政治理論中式(9)的原本涵義,政治參與乃是一種「活動」或「行為」,而非一種「興趣」或「態度」;行為者的某些興趣或態度,雖然關聯著其本人的行為或活動,但兩者顯然不可等同。或許,R. Dahl限於某些政治參與資料的難以取得,因而間或違反式(9)的行為涵義。無論如何,自1960、70年代以後,幾

乎所有政治學者皆將政治參與明白定位在「行爲」或「活動」上（參
見郭秋永，1993: 24-45）。因此，下文將要評述的政治參與的實證
資料，只限於「行爲」項目。第二，政治參與的「行爲」，乃指一
般公民透過各種方式，試圖影響政府人事與政策的活動。這些各
色各樣的方式，除了投票行爲和幫助競選的活動外，還包含「非
競選參與指標」與「廣泛性參與」的項目。當然，所謂「一般公
民」並不包括民意代表、政黨幹部及政府官員等介入政治的專業
人士。第三，一般公民影響政府人事或政策的方式，實際上爲數
頗多，但R. Dahl的經驗研究，大體上限於「合法的」方式，而不
包含暗殺、暴動及叛亂等「非法的」方式。第四，在政治參與的
經驗研究上，幾乎所有政治學者都不將所謂的「接洽公務人員」
的一些項目，包含在研究之列，即使R. Dahl(1981: 367)本人也坦
承「我們一般不把這些訴求項目視作政治參與」，因此，下文所要
評述的參與資料，排除這類的項目。

　　在R. Dahl的各類經驗研究中，尤其是New Haven城市的參與
研究，大致上呈現出下述幾個相互關連的實證結果：第一，一般
公民的政治參與數量和種類，隨著其可運用的資源(比如，金錢、
時間及知識等)的多寡而變動。例如，在所得、教育程度、社會地
位上愈高的公民，愈常從事政治參與。次如，白領階級的參與數
量和種類，大於藍領階級。再如，較佳住宅區的公民，在政治參
與的數量和種類上，也高於貧窮住宅區的公民。當然，這些經驗
述句，蓋屬「統計趨勢」，因而在所得最高者中確有部分公民不太
參與，而在所得最低者中也有部分公民經常從事政治參與(Dahl,
1961b: 283)。第二，社經地位較高者的參與數量，隨著不同參與
類別而有所變動。換句話說，他們雖在投票行爲和競選活動上的
參與量，多過社經地位較低者，但在投票和競選期間之外的各類

參與量，更遠超過社經地位較低者。第三，社經地位愈高者，愈具政治功效感或政治信心，愈常從事政治參與，因而在影響政府人事或政策上，形成「強者更強，弱者更弱」的循環性(Dahl, 1961b: 292)。第四，根據公民參與的次數和參與的議題，可將公民區分成四種：1. 偶而的、特定議題的參與者；2. 時常的、特定議題的參與者；3. 偶而的、多樣議題的參與者；4. 時常的、多樣議題的參與者。大抵上講，一般公民概屬「偶而的、特定議題的參與者」，而所呈現出來的「政治冷漠就像貫穿不透的冷硬鋼板」(Dahl, 1961b: 264)。

總之，New Haven城市的一般公民，如同一般的美國公民，高度的政治冷漠以及低度的政治參與，乃是司空見慣之事(Dahl, 1956b: 87; 1961b: 279; cf. Lijphart, 1997)。至於政治參與乃是公民生活中首要事務的古典民主觀，不論其在古希臘時期是否屬實，但在美國民主政治系統中，確是一個子虛烏有的神話(Dahl, 1961b: 279-281)。

自一些政治學者看來，(Duncan and Lukes, 1963; Walker, 1966; Pateman, 1970: 5-21; Held, 1987: 197)，上述各個相互關聯的實證結果，或許符合真實世界，而經得起事實的檢定，但卻隱藏著保守的意識型態，甚至竟為諸如「政治冷漠」之類的非民主素養，強詞奪理力圖辯護。這樣的批評，約可分成下述兩點，予以說明。第一，R. Dahl曾經肯定美國政治系統是一個相當有效的「民主」政治系統，因而上述各個實證結果，無形間就在辯護美國現有的政治系統，從而隱藏著保守的意識型態，並破壞自詡的價值中立原則。這也就是說，R. Dahl實際上運用現行政治系統的「實然」資料(例如，一般美國公民很少從事政治參與)，掩護本人的「應然」觀念(例如，美國政治系統乃是一個相當有效的民主系統)，

而來拒斥古典民主觀的「應然」（例如，一般公民應該廣泛從事政治參與，才能培育出民主美德）；這種拒斥，非但不是嚴謹的推論，反而是一種珍惜現狀的心態展現。第二，依據R. Dahl的經驗研究，一般公民顯然欠缺古典民主觀中的公民德性；非但不具政治功效感或政治信任之類的民主素養，反而盡是「政治冷漠」之輩。在這種情況下，倘若不思改善之道，而滿足於現狀，則低社經地位者的這種「心理缺憾」，豈非「相當有效之美國政治系統」中一件值得慶賀並應儘量維護的現象嗎?!

　　自R. Dahl看來，上述的批評，與其說是質問實證結果的真偽，毋寧說是引申經驗事實的一種「演義」說法，因而十分嚴正地駁斥道：

> 對於民主秩序中高比例政治參與必然導致「不穩定」的觀點，本人極不贊同；關於美國公民政治參與的特徵，乃是一件可欲之事的說法，本人更強烈反對；相反的，本人對其低度參與比例深感可悲，而情願看到更高比例的政治活動，尤其是群體中最少參與者的高比例活動。（批評者）實際上在將經驗理論當作規範理論來闡釋?同意經驗描述是一回事，同意其規範標準則是另一回事（Dahl, 1966: 300-303）。

　　筆者曾在本章前兩節中指出，R. Dahl在揚棄「情緒說」後，並未答覆價值語句或語詞究竟具有何種意義的難題。倘若如同「修正的情緒說」或「規約說」所言，除了情緒意義或規約意義之外，價值語句或語詞尚有描述意義，那麼這些批評者自然易於憑藉經驗研究的「實然」，而來加以「應然」地延展了。何況R. Dahl確曾

指出,在美國政治系統中,若身具「威權心態」的低社經地位者大量介入政治,則會降低政治活躍者之間的共識程度,從而促成多元政治的衰微。當然,R. Dahl可以辯稱,這並非意指「必然」導致不穩定,又非珍惜低社經地位者的「心理缺憾」,而「大量介入政治」也非「突然巨量湧入」政治舞台。可是,除了未必能夠避免批評者的「應然」引伸外,這種反駁可能誘使論戰雙方陷入「必然性」之意義的紛爭。無論如何,我們或可斷定,R. Dahl確有保守的傾向。然而,我們可以十分清楚地看出,1970年代之後,R. Dahl對於政治參與的開展性研究,就不易惹起批評者的「演義」闡釋,也誠如A. Bingham(1971: 299)所說,「他確未辯護現狀」。

R. Dahl與E. Tufte (1973: 20-28)曾經指出,民主理論素來具有兩個傳統:古典民主觀與民族國家觀;前者將「民主政治」定位在城邦(city-state),後者則設定在民族國家或國家(nation-state or national state or country or nation)(在R. Dahl的語詞用法中,這幾個英文名詞是可以互換使用的,參見Dahl, 1982: 2; 1989: 360, n1)。然而,不論如何定位,這兩個傳統都認為一個「理想政體」至少必須滿足兩個判準:公民有效性的判準(criterion of citizen effectiveness)與系統能力的判準(criterion of system capacity)。前一判準是指公民負起行動責任,並應有能力完全控制政體的決策;後一判準則指政體有能力完全回應公民的集體偏好。依據古典民主觀的傳統,為使公民完全控制政體的決策,全體公民必須人人直接參與決策的制定過程,而人人能夠參與決策過程,公民數量就不得過多;為使政體有能力完全回應公民偏好,則城邦必具完全自主性。這就是說,古典民主觀滿足兩個判準的要求,乃在於主張「公民的直接參與」和城邦的完全自主性。按照民族國家觀的傳統,由於民族國家的幅員遼闊人口眾多,因此滿足「公

民有效性」的判準，並非全體公民的直接參與，而是公民甄選代
表的間接參與；另一方面則認為唯有民族國家(而非其境內諸較小
的政治單元)才能滿足「系統能力」的判準而具完全自主性。進一
步說，除了這兩個傳統觀念外，當代逐漸浮現出一種複雜政體
(complex polity)的觀念。依據此一觀念，在闡釋「系統能力」的
判準上，認為具有能力回應民族國家之公民偏好的，只有民族國
家層次之上與之下各級政治單元聯合組成的一種「複雜政體」，因
此，民族國家層次本身及其下屬的政治單元，不應具有完全的自
主性；在闡釋「公民有效性」的判準上，則認為沒有適用於各層
政治單元的單一最佳參與方式，在某一層次的政治單元上，直接
參與或許是最佳參與方式，而在另一層次上，公民選出代表或國
家任命代表，也許才是最佳的參與方式。總之，三種不同的觀念，
各對相同的兩個判準，分別進行互異的闡釋，從而產生互有出入
的參與方式。

　　R. Dahl (1994: 25-32)進一步指出，上述三種觀念在歷史上對
應著民主政府單位的三種轉換。第一次的轉換，發生在公元前第
五世紀的希臘，乃從非民主式的城邦，轉變成民主式的城邦。「城
邦民主」的核心制度，乃是所有公民都有資格參加的「公民大會」
(assembly)。然而，值得注意的，R. Dahl (1970: 69-70; 1982: 8-9)
強調說，一般人常對「城邦民主」的運行，產生兩種錯誤印象。
第一種常犯的錯誤，乃是認為「城邦民主」確是廣泛政治參與的
榜樣。事實上，它排除了奴隸、婦女、非雅典人及大部分商人；
夠格參與「公民大會」的人，乃是所有居民(約31萬人)中的少數
人(約4萬人)。第二種常犯的錯誤，則是認為「公民大會」經常召
開，而出席者人人踴躍發言熱烈討論，從而決定關鍵政策。事實
上，「公民大會」所要討論的議案，必先交由「五百人會議」進行

初審,而「公民大會」中的討論,通常只有極少數的演說家才能
充分利用發言權;至於日常的行政事宜,則掌握在那由抽籤產生
的、按月輪流主持的審議委員手中。這兩種常犯的錯誤印象,基
本上可由下述一個簡單的「參與公理」(Dahl, 1970: 67-71; Dahl and
Tufte, 1973: 66-88),就可明白看出:

$$P = \frac{T}{H}$$

式中的P,是指最大可能的參與人數,T代表決策過程可用的
時間數量,H乃指每位參與者可使用的平均時間數量,因此上式
意指,決策過程可用的時間量除以每位參與者可以使用的平均時
間量,即爲最大可能的參與人數。此式至少可分作A與B兩種情
況,略加說明。A情況是指,倘若H是固定的,那麼只能透過T的
延長,而來增加P。設雅典「公民大會」中每位出席者具有15分鐘
的發言權,尤其是宣戰案的討論;再設議決法案所須的人數爲
6,000人,那麼雅典公民必須參加「公民大會」長達1,500小時,亦
即:6000=1500/0.25。這就是說,若每天開會10小時,則須連續開
會150天,才能議決一個法案。B情況則指,假使T是固定的,那
麼只能經由H的減少,而來增加P。設H爲1小時,T爲24小時,P
爲24人,亦即24=24/1。當P從24人提高到100人時,必須將H從1
小時降爲14.4分鐘,亦即100=24/0.24;當P增加到1,500人時,每位
參加者便分配不到1分鐘,亦即,1500=24/0.016。總之,依據R. Dahl
與E. Tufte(1973: 70)的粗略估計,在一般會場中,能以發言方式
直接參加討論的決策人數,至多不超過50人,通常約爲25人至30
人之間。

第二次的轉變，發生在18世紀以至於20世紀末葉，乃從「城邦民主」轉成民族國家的「代議民主」。「代議民主」的核心制度，當然就是代議制度。大體而言，「代議民主」約略具有下述幾個特徵(Dahl, 1970: 73-77; 1986: 226-243; 1989: 227-228)。第一，政策的制定，分成兩個階段；先由一般公民投票選出代表或代理人，後由代表或代理人行使決策權。第二，投票行為之外的政治參與，由於空間與時間的限制，變得更具限制性；只有為數極少的公民，可跟民選代表或代理人直接溝通。換而言之，一般公民與政治領導者之間的溝通特徵，缺乏對稱性：政治領導者透過各種傳播媒體而能向所有公民直接傳遞訊息，但一般公民能向政治領導者直接溝通的數量，乃是選區公民人數、公民平均傳遞訊息量，以及公民重複訊息的函數。第三，民族國家的幅員遼闊人口眾多，境內成員在語言、宗教、種族、職業及意識型態等方面，展現出較大的紛歧與衝突。第四，政治專業人士逐漸取代業餘者，從而展現出公開角逐民選公職的競爭。第五，政黨在選舉中動員公民參加選舉，更在政府機關中動員公職人員制定或推行政策。

第三次的轉換，乃是目前尚在進行中的一個轉換。正如城邦併入民族國家而在政治上、經濟上、社會上及文化上等喪失大量的自主性，當前「超國家系統」(transnational systems)的方興未艾，也降低了民族國家在各個層面上的自主性。在目前的世界中，一個國家的經濟生活、物理環境及國家安全等，逐漸依賴在國家邊境之外的、不隸屬於其政府的行為者之上。例如，即使在世界超強的美國中，底特律公民對於影響其生活的外在行為者(比如，日本汽車企業家)，依然難以透過美國中央政府執行直接的控制，遑論憑藉州政府了。一旦一些國家企圖透過條約組成一個「超國家系統」時，例如歐洲聯盟(European Union)，那麼其會員國便在貨

幣、國防、經濟、環境及外交政策上,喪失一定程度的自主性。事實上,Maastricht條約乃在向「與會國」的公民,例如丹麥的公民,凸顯出一個古老的民主困境:繼續保存較小的、較能左右的民主政治單元,縱然這個政治單元較無能力處理核子污染之類的重要事務;或者,加入一個更大的、更能有效處理原先束手無策的重要事務的政治單元,即使更無能力控制這種政治單元。

從上述三種觀念及其對應的三次歷史轉換看來,在滿足「公民有效性」與「系統能力」兩個判準上,顯然並無最適的唯一政治單元,從而也乏最適的政治參與方式。因此,R. Dahl(1970: 80-81)曾經評道,那逕行斷定公民直接參與決策即是最佳政治參與方式的政治哲學家J. Rousseau(1712-1778),不過是徒將本身「困鎖在『過去的』監獄中,而本世紀1960年代的一些參與民主理論家,則自困在J. Rousseau的監獄中」。

然而,依據R. Dahl本人及當代許多政治學家的經驗研究,除了投票的參與行為外,一般公民愈常參與里鄰社區、工作場所及學校等事務,則愈具政治功效感或政治信心。值得特別注意的,當代一位參與民主理論家C. Pateman(1970: 70-71)傳承19世紀英國政治哲學家J. S. Mill的見解,強調工廠中的「完全參與」有益於參與者的人格發展,尤其是民主素養的孕育。所謂「完全參與」,係指工廠僱員組成各個「自我調整的團體」(self-regulating groups),自行決定日常工作的程序而不受管理者的監督,團體中每位參與者各享平等的決定權力,而無權力懸殊的「兩造」。簡單說,這是工廠內權威結構的民主化——泯除管理者與僱員之間的固有分隔。R. Dahl(1981: 378-380)雖然評說,「這種既像蠻有道理又頗吸引人的說詞」,缺乏堅強的支持證據,至多僅有零星的薄弱證據,但卻也認為(1970: 132; 1985: 110),工廠企業的自行管

理，或會稍微降低生產效率，不過可收恢宏的效益——將僱員從
「公司屬員」（corporate subjects）轉成「企業公民」（citizens of the
enterprise），而有助於「公平感」的孕育。

　　平實而言，即使政治參與不能孕育參與者的民主素養，但愈
常參與者依然愈可能得到政府的回應，從而獲得較多的個人利益
或團體利益。根據R. Dahl（1981: 380-381）的說明，在美國政治系
統中，除了投票行為之外，社經地位愈高者，愈常從事政治參與，
愈使政府政策「幫助早已富裕者」，從而確實產生一個「有系統的
偏頗」（a systematic bias）。那麼，在這種「有系統的偏頗」之下，
如何增強低社經地位者的民主素養與政治參與，以期匡正偏失
呢？上述自行管理工廠的參與方式，或許值得借鏡。R. Dahl（1982:
14-16）指出，為求匡正「大規模民主」（large-scale democracy）中
一些不可避免的偏失，許多政治學者主張「小規模民主」（small-
scale democracy）。所謂「小規模民主」，乃指人口不超過十萬人的
一個民主政治單元。然而，強化「小規模民主」的主張，基本上
包含兩種意義：(a)只在小規模的政治單元內，民主政治方才成為
可欲的；(b)在大規模民主系統內，較小規模的民主單元，也是可
欲的。前一種意義下的「小規模民主」，在當今世界中不可行，至
少它無能力處理能源、污染、防衛及核武等問題。

　　R. Dahl贊成後一種意義下的「小規模民主」，他（1994: 32-34）
指出，就「超國家系統」而言，決策權力掌握在各個會員國各自
「任命」的代表手中，而難以回應各個會員國的公民偏好，因而
似須要求各個會員國分別強化各自的「民主政制」。就大規模民主
系統的民族國家來說，除了增加一般公民的政治知識、加強政治
討論外，尤須提高小社群中的政治參與。R. Dahl（1994: 33）說：「假
使公民在日常生活的小規模事務（例如，鄉鎮計畫、學校教育、街

道、公園及遊樂場等事務)中能夠執行顯著的控制,則在大規模的決策上,就不會不可避免地導致無力感的擴大了。」值得注意的,R. Dahl(1992: 55)也贊成「公民集會」(citizen assemblies)——運用隨機方法抽樣選出一些公民組合而成的一種集會。這些公民針對各種地方事務,進行廣泛討論、邀請專家列席報告、評估地方政策、表達公職候選人的優劣等,以供其他公民的參考。

綜合本節評述,由於R. Dahl在放棄「情緒說」後並未解決價值語句或語詞的意義難題,因而有關政治參與研究的一些實證結果或「實然」述句,易於引起批評者的「應然」引伸,從而指責多元政治理論辯護美國現狀或深藏著保守的意識型態:在「美國是一個相當有效的民主政治系統」的價值判斷下,低社經地位者的少許參與量和強烈的「政治冷漠」,乃是一件值得珍惜之事。然而,從1970年代以後一些開展性的參與研究,尤其是三種民主觀念及其對應的三次歷史轉換的剖陳,我們可以十分清楚看出R. Dahl的見解:在各種大小不同的民主政治單元中,並無唯一最適的民主政治單元,從而也乏通用於各個民主政治單元的唯一最適的政治參與方式。因此,就「大規模民主國家」來說,除了現行的政治參與方式之外,尤須強化「小規模民主」或「公民集會」的參與方式。顯而易見的,在政治參與的經驗研究上,R. Dahl實在不是一位辯護現狀的保守人士,遑論偏愛那已產生「有系統的偏頗」的美國社會了!

五、結語

大體而言,「民主政治」一辭,至少具有二千五百餘年的歷史,其內涵與外延自然有所更迭,而其兼含的評價意義,當然也呈褒

貶互見的變動。兩千餘年來，「民主政治」的描述意義與評價意義，既然各有變化，甚至各自獨立變動，則相信今人普遍一致地使用「民主政治」一辭以意指相同的描述意義與評價意義，也就失諸天真。G. Sartori(1987: 6)曾經嘆道，直到1940年代，世人方才知道民主政治是什麼，進而喜好它或厭惡它；然而，自此之後，絕大多數人雖然全皆愛好民主政治，但卻不再明白或同意它是什麼。R. Dahl(1971: 5)也曾指出，即使最具有箝制力的獨裁者，依然高唱「人民參與統治」的正當性，而不吝於施捨口惠式的民主政治。

　　世人陷入這種迷亂情境，政治學界卻也不是一盞足以指示迷津的知識明燈。I. Shapiro與G. Reeher(1988: 9)也曾嘆說，在20世紀的政治理論中，「民主政治已經成為一個最令人難以捉摸的價值」。為了提昇政治研究的科學水準，以期累積可靠的知識系統，1950、1960年代風起雲湧的「行為主義」，力唱價值中立的原則，試圖全心全力投入政治現象的經驗研究，而不再沉湎於價值語句的玄思冥想。在這段時期的理論建構與檢定中，最具代表性而廣受矚目的，首推R. Dahl建立的多元政治理論。然而，約在1960年代末期，「後行為主義」逐漸興起後，一方面斷言價值中立的不可能性，另一方面繼續推展「行為主義」的科學化工作。顯而易見的，這兩者之間，潛藏著無數糾結不清的根本難題。

　　長久以來，筆者深信政治學方法論的探討及其例釋，不論是否憑藉當代「科學哲學」名家的高見，應以政治研究題材為主，方才不會失諸空泛或陷入人云亦云、終而不知所云的困境。有鑒於此，本文不揣翦陋，特別甄選R. Dahl的多元政治理論，進行方法論上的詳細解析，望能彰顯多元政治理論在行為主義與後行為主義兩個時期中，皆能屹立不搖而備受推崇的道理，進而解析政

治參與和民主政治之間的密切關係。大體而言，這一剖析工作，
基本上獲得下述幾個主要論點：

第一，價值中立的涵義，基本上可以區分成(一甲)、(一乙)、
(一丙)、(二)、(三)及(四)等論點[1]。就R. Dahl所主張的價值中立
而言，「後行為主義」時期不同於「行為主義」時期，端在明確放
棄(一丙)，亦即拒斥「情緒說」。因此，除了(一丙)之外，價值中
立確為多元政治的立論基礎。

第二，R. Dahl放棄「情緒說」後，並未解決價值語句或語詞
的意義問題，例如，並未說明價值語句的描述意義與評價意義之
間究竟呈現出何種關係的課題，因而易使「多元政治」一辭，落
得「失諸單純」的評語，更易使異議者憑藉政治參與的「實然」
資料，進行「應然」的引伸闡釋，進而抨擊R. Dahl辯護美國政治
系統。事實上，在1970年代以前，R. Dahl確有保守傾向，但從其
後對於政治參與的開展性研究看來，尤其就三種民主觀及其對應
的三次歷史轉換而言，R. Dahl實在不是一位維護現狀的保守人
士。

第三，R. Dahl曾經明確指出，在主張價值中立的第四個論點
上，論戰雙方皆會同意政治研究者在另外六個要點上不能保持價
值中立。換句話說，R. Dahl不在這六個要點上主張價值中立。然
而，有些批評者卻基於這六個要點中的某一或某些要點，抨擊多
元政治理論違反價值中立的原則。這種批評，不是打擊稻草人，
就是無的放矢。

第四，在價值中立的第四個論點上，我們可以贊成R. Dahl的
中立主張，同意政治研究者在檢定「個別的」經驗述句時，能夠

1　參見本書頁29，40。

保持價值中立的原則。然而，從「政治平等與主權在民」兩個極大化目標或價值，推出三個「可運作的特徵」、再導出八項「極限條件」、終而提出十個「假設性的函數關係」等整套理論建構步驟來看，十個尚待訴諸經驗檢定的「假設性的函數關係」，由下往上受到各個建構步驟的「層層制約」；一旦設定了兩個極大化目標或價值，則如同瀑布傾瀉，便具有從上而下的連鎖限定作用。這就是說，依筆者管見，在十個「假設性的函數關係」的「個別」檢定上，政治研究者可以保持價值中立；但就多元政治理論的整套建構而言，此種中立性，乃是價值前提「瀑布式限定」下的中立性。

第三章

強勢民主：
新時代的政治參與

一、引言

　　1970年代以降，政治哲學的整個研究趨勢，漸從「壽終正寢」
或「式微不堪」的谷底，復甦反轉、緩步上揚，終至波濤壯闊、
氣勢浩蕩（Plant, 1991: 1-22; Morrice, 1996: 1-24）。然而，這種蔚成
風潮的復興，是否意謂政治哲學已在學理上完全掙脫了先前的困
境，還是雖已脫離舊困境但卻陷入新困境而猶不自知，或是僅僅
代表一種知識興趣的反轉回昇而已呢？顯而易見的，這是一個急
待解決或釐清的基本課題，但在興味盎然的復興大勢下，卻少為
人涉及。

　　就筆者所知，博得「民主共和主義（democratic republicanism）
肇造者」以及「美國當前備受尊崇與最具影響力的政治理論家之
一」這類令名的B. Barber（Kautz, 1995: 119; Tucker, 1994: 116），乃
是極少數追根究底的政治學者之一。依據他的見解（Barber, 1988a:
4-5; 1992, 84-90），當政治哲學研究處於「死亡」或「式微」階段

時，絕大多的政治學者，埋首於「科學化」的工作，而忘卻「政治」的研究，終於使得政治學淪為一門「規避政治而未達科學水準」的學科，或導致「傲慢的科學，虜掠了政治」的困境。當處於復興階段時，政治哲學的研究，基本上是以「自由主義」（liberalism)的形式而風起雲湧。自由主義者雖然漠視政治研究的「科學化」工作，但也遠離政治判斷的「未定性」，轉而全力追求哲學研究上的確定性。這種追求哲學確定性的研究取向，雖然使得政治哲學的研究，免除「科學」的強取豪奪，但卻橫遭「哲學」的宰制，終於「既扭曲了我們的政治意識，又破壞了我們的政治理解」，而造成「傲慢的哲學，虜掠了政治」的局面。值得注意的，自B. Barber看來(Barber, 1984a: xi-xvi; Murchland, 1987: 161)，自由主義雖是一種「優良的哲學」，但卻「嚴重限制了民主政治的可能性」，或「敗壞了民主制度」，從而使得「自由主義式的民主」（liberal democracy)淪為「弱勢民主」（thin democracy)。B. Barber(1984a: xiv, 121, 148; 1984b, 54)宣稱，唯有其所力主的「強勢民主」(strong democracy)，才是匡救時弊的「真正而完全的民主形式」，也是現代世界中唯一能夠「保存並促進人類自由的政治形式」；不採行「強勢民主」，民主政治終將煙消霧散。

這種強調高度政治參與質量的「強勢民主」，先後獲得相去甚遠的不同評價。就正面評價而言，它不但贏得「體察精微，入木三分；其所成就，大有可觀」或「至今猶為學者、學子及行政主管所樂誦」之類的一般佳評(Norman, 1985: 197; Ventriss, 1985: 434; Gunnell, 1989: 762)，而且博得「近十年來最重要的政治理論著作」的特別美譽(Wolfe, 1986: 91)，甚至其所倡議的一些制度革新，更曾榮獲美國前總統Bill Clinton的公開讚許(Parry, 1995: 141; see also Barber, 1996b: 299)。就負面評價而言，它曾被批評為「其論

證大都植基在斷言之上，其學術風格不嚴謹，其核心內容終有缺陷」(Pyrcz, 1985: 206)，也被認爲是一種不切實際的「理想化希望」(Parenti, 1985: 328)，甚至被譏爲「毫無顧慮地全面要求直接民主(direct democracy)(Kitschelt, 1993: 29)」。

平實而言，不論評價的高低，這種違逆當代政治研究主流，從而試圖溯源探本、另起潮流的「強勢民主理論」(theory of strong democracy)，確實值得詳加探究。到底基於何種論證，B. Barber可以理直氣壯地宣稱：行爲研究的科學化努力，徒然陷於「科學虜掠政治」的舊困境，政治哲學的確定性追求，枉然落入「哲學虜掠政治」的新困境，而「強勢民主理論」正是突破新、舊困境的一個研究典範呢？本章的主要目標，就在解析B. Barber的論證及其中潛藏的一些複雜課題。

二、弱勢民主

在西方現代史中，「代議民主」(representative democracy)乃是運行最久的一種民主政治，以至於一般人所謂的民主政治，幾乎全指「代議民主」。然而，自B. Barber看來，自由主義所支撐的「代議民主」或「自由主義式的民主」，雖在當代具有獨佔性，但由於自由主義本身的「虜掠政治」的特性，而更加暴露出固有的缺陷，最終淪爲「弱勢民主」或「淺薄民主」(weak democracy)。我們不禁要問，B. Barber爲何語出驚人而如此論斷呢？

根據B. Barber的見解，「代議民主」雖是當今世界中最具「宰制形態」的一種民主政治，但在其至佳情況下，它依然像「一位心臟欠佳的長跑選手；表面上跑得穩健，但內在力量迅速耗弱」(Murchland, 1987: 159)，以至浮現出一些「症狀」。按照他的觀察，

這些若隱若現的「症狀」，約略計有下述幾個(Barber, 1984a xi-xiv,
3-4, 184; 1992: 87)。

第一，「政治平等」和「政治參與」原本就是兩個相容共存的
民主理想，但在「代議民主」的實際運行之下，反而形成背道分
馳的互斥現象。此一「症狀」正是1996年美國政治學會會長A.
Lijphart(1997: 1)就職演說中明白揭示的「代議民主的一大窘境」：
一般公民的政治參與數量，歷來一直呈現出一個偏向高社經地位
者的不均分配，從而導致偏頗不公的政治影響力。第二，「代議民
主」的壟斷性，不但限定民主政治的選項，阻礙了其他「正當民
主形式」的追求，並且孕育故步自封的觀念，而使人們疏於檢視
自由主義的政治判準。第三，不論就投票率的高低而言，或就政
治信任感的強弱來說，還是就介入政治事務的深淺而論，一般公
民的「政治疏離」，皆是「代議民主」的醒目標記，從而預示著「民
主政治的破產」。第四，「代議民主」既破壞政治參與，又侵蝕「公
民身分」(citizenship)。B. Barber鄭重指出，依據純粹的民主原則，
政治系統中的所有公民，應該自我作主、自行治理所有公共事務，
而不應委託他人，方才符合「民主」旨意；可是，為了適應廣土
眾民的大規模國家，一般公民不得不選出代表以行統治之事——
這正是為了效率，而犧牲公民的統治權，並大幅縮減公民活動的
空間，逐使「代議民主」此一語詞，由於包含「代議」與「民主」
兩個難以並容的名詞，而形成一個頗為吊詭的辭彙。這就是說，「代
議民主」基本上乃是「反民主的」民主政治(see also Pateman, 1970:
104)。第五，定期票選治者，乃是「代議民主」的核心設計，但
投票意義早在秘密投票的隱私方式下，喪失殆盡。投票者原本應
該基於公共利益的判斷，投下一張足以公開辯明為正當的選票，
但現行的秘密投票方式，形同「排隊等上公廁」：成群結隊排成一

列，等待著將自己密閉在一個隱私隔間內；輪到自己時，緘默走進隱秘隔間，自我舒解，拉下(投票機器的)拉桿，然後默默回家，讓位給下一位。

自B. Barber看來，造成這些「症狀」的原因，固然是多方面的，但自由主義「至少必須負起某種程度的責任」或「至少必須承擔某些責難」或「難辭其咎」，則毋庸置疑(Barber, 1984a: 4, 93, 110; Murchland, 1987: 160-161)。因為政治現象本是自主的、不可化約成「先於政治的」(pre-political)領域，但自由主義者卻運用哲學「虜掠」政治，而使哲學成為政治的「主權者」(see also Pocklington, 1989: 450)。依據Barber(1988: 22)的看法，「哲學虜掠政治」的現象，至少始於17世紀英國一些反對政府人士的見解。為了抗拒不正當的君主政治，這些異議者遂訴諸哲學基礎，探求一種「自然而神聖的認可」，以期保障人民的自由。這就是說，假使政府的正當性，端在促進並維持「先於政治的」各項權利，那麼理解政治，便首在於檢視那些「先於政治的」或自然的條件。政治既然源自哲學，各項「先於政治的」權利也就不是人類所創設，因而不論是君王或是其他人，皆不可侵犯或違背。時至20世紀的1970年代，政治哲學的研究，透過自由主義，再次「虜掠政治」，從而力倡健全的政治理解，必須遵循健全的慣性架構(inertial frame)、健全的認識論及健全的人性觀等自由主義的哲學觀點。那麼，自由主義的這三個哲學觀點，究竟是什麼呢？

首先，依據B. Barber(1984a: 26-32)的說明，所謂的「慣性架構」，乃指理論建構者以概述方式，具體表現特定世界觀的「前提條件」。這些固定的「前提條件」，乃是「先於理論的與件」或「先於理論的、不待檢證的底層」(the pretheoretical given or a test-free pretheoretical substratum)，而為理論建構的起點。這種「慣性架構」

密切關連著西方政治傳統中的「溯源推理」(genetic reasoning)：
推理等同「觀念的連鎖」；去思維，即去建立環環相扣的「邏輯鏈」；
在一連串的「邏輯鏈」中，必有第一個環結與最後一個環結。「慣
性架構」就是鍛造第一個環結的鑄造廠。據此而言，從第一個環
結，經由一連串絲絲入扣的推理，便只有一個真正的邏輯結果，
從而僅有一個真正的政治觀念、或權利觀念、或義務觀念。這就
是說，一旦接受第一個環結，勢須接受衍遞而來的第二、三、四
個環結……以至最後一個環結。不論「邏輯鏈」中的最後一個環
結，如何出乎意料之外、如何令人困擾、如何背離固有的政治信
念，任何具有理性之人，皆不得不接受。

　　按照B. Barber(1984a: 32-36)的見解，自由主義的「慣性架
構」，基本上包含一個公理(axiom)與五個系論(corollaries)。依據
該公理的設定，人是物質的存在，其動機與互動皆具物理性質，
因而人們的社會時空或政治時空，乃是物質時空，受到物理定律
的支配。B. Barber指出，自由主義者從這個公理推出原子論、不
可分性、可共量性、互斥性及感官論等五個系論。「原子論」設定
人是分立的、孤寂的、單一的、自給自足的原子；「不可分性」設
定人是單一的整體；「可共量性」設定每人受到相同行為定律的支
配；「互斥性」設定人們不能在同一時間內占據同一空間，因而人
類互動的特有模式，乃是相互衝突，不是攻擊就是防衛；「感官論」
設定人類的思維、想像及感受，乃在反應感官的物理因素。B.
Barber認為，這樣的「慣性架構」，基本上呈現出「牛頓式的政治
觀」(Newtonian politics)。在牛頓的宇宙中，物理定律支配著物理
時空中各自運動、相互碰撞的各個原子。在自由主義的「慣性架
構」中，自由主義者也運用物理語詞，界定「原子化個體」的隱
私、獨處、自主性及各項權利，並將人際關係描述為特定區域內

的「原子互動」。因此，「財產」是物理自身的一種外延；「自由」是沒有外在障礙的運動（see also Barber, 1998: 10）；「權力」是物理性的一種強制；「制裁」是施加外在的向量力道；「權利」是領土的界線；「權威」是跨越界線的正當力量。

其次，一般而言，政治研究領域內的認識論，大體上探討政治知識的基本特性，素為政治理論的立論基礎。根據 B. Barber（1984a: 46-66）的說明，在認識論上，自由主義所憑藉的最重要假定，莫過於「笛氏假定」（Cartesian assumption）：政治知識存在著一個不可更改的、可致知的、先行的「第一前提」或「獨立論據」（independent ground）或「不變的真實」（immutable reality）；從這種「第一前提」，透過單純的演繹，便可推出政治生活的概念、價值、標準及目的。如此說來，政治生活的理論，必須完全建立在「非政治」的基石上，而政治權利也就全都推自理論家所設想的自然狀態的自然權利。去追求確定不變的政治知識，勢須去「解構政治」（deconstruct politics）或「去除政治」（depoliticize politics）。例如，17世紀英國著名的自由主義者T. Hobbes的政治理論，就是先將政治化約成道德，次將道德化約成心理學，又將心理學化約成力學，再將力學化約成分子物理學。次如，當代自由主義者J. Rawls所謂的「無知之幕」，首在要求各個訂約者去除特定的具體知識、信仰、興趣、利益及生涯規劃，以至於有關正義的政治理論，才能從「消過毒的原初情境」中建立起來。如此說來，依據自由主義的認識論，政治理論的健全性及其解釋力，乃藉「距離真實世界的遙遠性」來衡量——距離政治世界越遙遠的政治理論，越具解釋力、也越健全。

進一步說，政治生活的特定理解，向來密切關連著特定的人性觀。一般所謂的人性觀，乃指人的性質及所設想之性質狀態的

觀點，有時用來界定「人的本質」。按照B. Barber(1984a: 67-92)
的看法，自由主義的人性觀，乃是一種「非政治人」(apolitical man)
的人性觀，實際上經由社會契約論的特定推理，而以特別力量附
著於政治。換句話說，自由主義者斷定「孤獨而疏離」乃是人的
首要特性：每一個體孤獨降生世界，孤獨死離世界；人們雖營群
居生活，但總是「分隔地」聚居一起；「人類」是一個抽象的名辭，
唯有個體才是實際的存在。除了「孤獨而疏離」外，享樂、攻擊
及貪婪，也是人的特性。人由於獨處性而自由自在、由於享樂性
而有所需求、由於攻擊性而追逐權力、由於貪婪性而力守財產。
在這樣的特性下，各個個體的主要關切所在，便是極大化其基本
需求的滿足，從而著重那能滿足需求的手段——權力。因此，自
由主義所要探究的政治問題，便會集中在如何獲得並維持權力
上。B. Barber(1984a: 72-73)指出：「權力是手段：受到需求的驅迫，
我們必須成為權力的角逐者；作為一位成功的享樂者，我們必須
成為有效率的攻擊者。權力只不過是『達成未來之善的當前手段』
(Hobbes)或獲取利益的『基本社會財貨』(primary social goods)
(Rawls)……十分自然的，在這些條件下的政治，只能是權力的藝
術或學科——何人、何時，以及如何獲得什麼的藝術或學科。」
可是，赤裸裸的權力，僅能保持所得的短暫控制，而財產的「所
有權宣告」，則是攻擊性的一種制度化，更是權力的一種累積形
式，因而可將「權力」轉成「權威」、可使「力量」轉成「權利」，
以及可把「純屬佔有」轉成「正當擁有」。總之，自由主義所謂健
全的人性觀，端在依據一些「泯除人之相互性、合作性及共同存
在性等潛力」的方式，而來界定「人」(B. Barber, 1984a: 75)。

B. Barber(1984a: 3-6, 93)指出，上述的慣性架構、笛氏假定，
以及人性觀等自由主義的哲學基礎，非但不足以推論出一種正視

「公共善」(public goods)、「政治參與」、「公民身分」及「公民德性」(civic virtue)等的鞏固理論，反而促成一個「奇異的、複雜的、常常陷入吊詭的」政治形式。這個吊詭的政治形式，即是包含三大傾向的「自由主義式的民主理論」(theory of liberal democracy)或「弱勢的民主理論」(thin theory of democracy)。B. Barber所謂的三大傾向，乃指無政府論的、實在論的，以及極小論的傾向(anarchist, realist, and minimalist disposition)。

值得注意的，其所說的「無政府論的傾向」，有別於19世紀後半葉風行一時的「無政府論」(anarchism)。「無政府論」曾是極端分子、革命分子及反叛政府人士奉為圭臬的一種推翻「任何政府形式」的意識型態；而「無政府論的傾向」則在維護個人隱私、自由，以及各種絕對權利之處，或在譴責國家管制自由市場之處，方才浮現出來的一種「非政治」(nonpolitics)或「反政治」(antipolitics)的傾向。就「無政府論的傾向」而言，各個個體的自然條件，乃是獨立與獨處，因而各個個體皆是自由的行為者。所謂的自由，乃指個體行動不受外在的、尤其是政府的限制。持有這種傾向的人，雖或承認政治權力的作用，但逕行認定「任何的抑制，皆是惡的」或「權力的行使，不論訴諸何種方式，總會牴觸個體的自由與利益」，因而基本上既不信任少數人的權力行使，又不信賴多數人的參與決策。B. Barber(1984a: 7-8)認為這種吊詭，十分明確地顯現在當代的自由主義，例如R. Dahl、D. Easton，以及B. Berelson等人，一方面聲稱民主政治乃是「一般公民針對領袖執行高度控制的政治過程」或「多數人民掌握著價值之權威性分配的政治系統」，另一方面則忽視一般公民的政治參與，進而斷定廣泛的政治參與，足以破壞民主政治的穩健運行。當然，在「無政府論的傾向」下，完全不行統治之事的政府，即是最佳政

府，萬不得已方才退而要求「最少統治」的政府，並將之限定在憲政條文中。不論「最少統治」是否就是最佳政府，既將自由視同毫無外在限制，無形中便會認定「社群」意含一種「強制」，從而排斥社群裨益自由的可能性，並基於「民眾的聲音，既非上帝之聲，亦非真理之音；多數民眾的同意，不可能使得『錯』轉成『對』」的理由，否定公共思維與公共行動的價值。簡言之，「無政府論的傾向」雖是抗拒專制的前哨，卻是嚇阻「社群與正義」的大軍(Barber, 1984a: 11)。

「實在論的傾向」是指一種重視政治舞台上行使權力的傾向。依據B. Barber(1084a: 11-15)的說明，在「無政府論的傾向」連綴「實在論的傾向」上，自由主義向來具有一種傳統論證：於自由而獨處的自然世界中，相互競爭的各個個體，終將發現其基本需求無法得到滿足，而一個個體的自由，竟是另一個體的束縛；若乏集體的權力與主權者的強制，那一張張承諾自我限制的契約，只不過是一堆堆的廢紙；因此，為了個體的自由與利益，諸個體遂委身政府權力之下，並因恐懼懲罰而服從法律。如此說來，「無政府論的傾向」夢想一個無衝突的自然世界，而「實在論的傾向」則創立一個人為的權力世界，以期抑制諸個體間的衝突。在獲得正當性後，這種強而有力的抑制，雖然可以助益個體達成目標，但可能逕將「自由」與「放縱」一起根除殆盡。B. Barber(1984a: 13, 14)指出：「自然狀態屈服於主權者之劍；當法律與司法認可之時，主權者之劍，漫天飛舞……權力與自由之間的鬥爭，遂為『自由主義式的民主』的主要困境。」

「極小論的傾向」乃將「政治」理解為「外交關係」的一種傾向(Barber, 1984a: 15)。就此一傾向而言，各個個體在和平的、共處的生活中，競長爭短、供需索求，但不輕易相信彼此之間具

有堅強的依存關係。諸個體雖然深信權力行使的必要性，但也堅信嚴格限制權力的不可或缺性，因而企圖促進一種「寬容政治」（a politics of toleration）：諸個體間的衝突，既不能自動泯除、又不能強制消弭，只得加以容忍；因此，每一互動，皆應以「節制」來限定；每一自由的放棄，均應附加保留條件的「但書」；認可每一權威，都應添加「保障權利」的條件；隱私的每一讓與，全應伴隨特定的防衛。這就是說，當原子化個體碰撞國家權力時，或當「無政府論的傾向」接觸「實在論的傾向」時，「極小論的傾向」試圖經由「結社的中介形式」，而來降低傾軋的程度。持有此一傾向之人，懷疑但不譴責政治權力，尊重但不理想化自由條件，否定那隻可以調解自然衝突的「不可見之手」、但接受政治人物的「可見髒手」。值得注意的，從「極小論的傾向」可以推出一個質疑「多數論」（majoritarianism）的論點：假使只當權力被分立抑制時，個體自由方才得到保障，那麼最具危險性的權力，莫過於多數人的「主權的權力」（sovereign power）或「衝動的立法」。B. Barber（1984a: 16）指出，多元性、自制性、公平性，以及對於挫折或紛歧或異議的寬容性，乃是美國最珍貴的政治特徵，而促成這些珍貴特徵的，莫過於「極小論的傾向」。

依據B. Barber（1984a: 5）的見解，這三種理論上有別的傾向，卻可以同時顯現在實際上的美國政治系統中：就美國人所珍視的隱私、自由、財產及個體主義等價值而言，他們趨於「無政府論的傾向」；就美國人所運用的法律、權力、司法及仲裁等手段而言，他們趨於「實在論的傾向」；就美國人所表現出來的寬容性、多元性、權力分立、司法審核等政治性情而言，他們趨於「極小論的傾向」。

無論如何，上述三種理論性的傾向，雖然有所區別，但卻可

在「單純的循環推理」或「諷刺性的循環」(a single circle of reasoning or an ironic circle)中相互串連。B. Barber(1984a: 20-21)指出,這個單純的循環推理,始於自然而具有消極自由的個體(自利的個體)、次於置身社會關係的個體、再次於掠奪「他人世界」的個體、更次於力求正當性與辯正性的個體、從而終於起點(自然而具有消極自由的個體)。換句話說,「無政府論的傾向」將個體設定在自由的自然狀態中,而容許其需求的無限滿足;可是,當置身社會關係時,「實在論的傾向」指出政治權力乃是個體自由的一個適當保護,沒有政治權力也就沒有個體自由;然而,政治權力確會危及個體自由,因此,「極小論的傾向」試圖在自由與權力之間探求一個「中介論據」(a middle ground)以求正當性與辯正性,但不曾企求一個相互合作、彼此協調的「依存世界」(a world of mutuality),終於迴歸「自利的個體」。

在上述的「單純的循環推理」中,這三個不同的傾向,確實顯現出一個共同的信念:人類無能力跟其同胞共同生活在狹窄區域內,每一種傾向皆透過諸個體的「分離」來建構人際關係,從而使得各個個體成為「不情願的公民」與「謹慎的鄰居」。這就是說,「無政府論的傾向」在自然狀態的自由假定中否定諸個體間的衝突,「實在論的傾向」在訴諸政治權力裁決個體衝突上試圖壓抑衝突,「極小論的傾向」在自由而懷疑的性情上企圖容忍個體間的衝突;反應衝突的方式,雖然互有出入,但衝突卻是「自由主義式之民主政治的根本條件」(Barber, 1984a: 5)!

B. Barber既然認為衝突是「自由主義式之民主政治的根本條件」,難怪他逕行斷定自由主義的「民主意象」,宛如動物麇集區,總是充滿著「主權之獅、雄獅與狡狐、咩咩叫的羔羊與可憐的爬行動物、冷酷之豬與統治之鯨、狡詐臭鼬、機敏郊狼、羊皮狼身」

等描述，因而自由主義的一般政治觀，也就成爲「管理動物園」（politics as zookeeping）：設置太多的獸欄，雖可區隔各類動物，免除彼此的殘殺，但卻破壞它們的自然性質；設置太少的獸欄，雖能解除它們的桎梏，但卻惹起殘酷的殺戮（Barber, 1984a: 20, 39; 1988a: 31）。

總而言之，依據B. Barber的見解，包含「無政府論的傾向」、「實在論的傾向」，以及「極小論的傾向」等三大傾向的「自由主義式的民主理論」或「弱勢的民主理論」，根本上乃奠基在「牛頓式的政治觀」、「笛氏假定」及「非政治人的人性觀」等哲學基礎上，從而使得現代史中運行最久的「代議民主」或「自由主義式的民主」，在當今世界中淪爲「弱勢民主」或「淺薄民主」，而暴露出各種「症狀」。換句話說，B. Barber基於三種哲學觀點與三個理論傾向，逐行評定「自由主義式的民主理論」爲「弱勢的」或「淺薄的」，從而也將其所支持的「代議民主」或「自由主義式的民主」，評爲「弱勢的」或「淺薄的」。誠然，從這種基本見解，我們至少必須注意三個十分根本的課題。

第一，B. Barber的評論重心，首在於斷定一個健全的民主理論，千萬不可奠基在「非政治的」或「前政治的」前提上。依據他的見解，政治生活的民主理論，如同一般的社會理論，根本上不是「憑空而降」的，而是「系絡孕成」的、完全脫離不了實際的政治生活。可是，自由主義者卻植基在「非政治的」或「前政治的」假定上，透過「去除政治的」或「解構政治的」方式，而來理解政治生活或建構民主論。在B. Barber看來，訴諸一些「物理性」的假定與語詞，當然不能適切說明政治生活中的重要概念，例如「社群」、「合作」、「互賴」及「公民身分」等概念，遑論理解政治生活以建構民主理論了！誠然，即使我們承認某些哲學觀

點乃是自明的真理,而非如同B. Barber(1984a: 44)所斷定之「本質上可爭議的」前提(參見郭秋永,1995b),但政治理論的建構,為何就須憑藉這些「非政治的」真理呢?!平實而言,這是政治哲學研究上一個尚待釐清或解決的重要課題。無論如何,依據筆者的淺見,B. Barber的質疑論點,雖非獨創之見,但條理井然而自成一家之言。

第二,B. Barer抨擊自由主義的第二個重點,乃在於「溯源推理」:一旦接受自由主義所肯定的三種哲學觀點,則勢須接受那些經由演繹邏輯而層層推得的三種理論傾向,及其蘊涵的各種制度。顯而易見的,「溯源推理」的運用,端在確保政治理論的建構,如同幾何系統的建立,可以導至一套必然為真的知識體系。自B. Barber看來,自由主義者運用「溯源推理」的可議之處,約略計有兩點。首先,其整個論證力量,竟然完全繫於「第一因」(第一個推理環結);這個高度抽象而遙不可及的「第一因」,乃是一個難以自圓其說的「無因之因」,實在不易令人信服。其次,層層演繹的推理方式,全然不適合實際上充滿「不確定性」的政治生活;在實際的政治生活中,處理公共事務所須憑藉的,既非絕對正確的邏輯形式,亦非必然為真的知識體系,而是「相對上的深信,實踐上的同意,以及共享的目標、價值、社群標準、公共善」(Barber, 1984a: 65)。依據筆者的淺見,在進行民主理論的建構上,應該運用「溯源推理」與已經應用「溯源推理」,根本是兩種十分不同的斷言。據此而言,自由主義者實際上已經依循「溯源推理」的方式,而來建構「自由主義式的民主理論」了嗎?筆者曾對一般政治哲學家(包含B. Barber所指的自由主義者)運用「溯源推理」或「公共驗證」(public justification)的情況,進行一個初步的解析,從而發現一般政治哲學家實際上進行的驗證策略或邏輯程序,確

實不太符合其所揭櫫的驗證判準或邏輯標準（參見本書第五章）。

　　第三，從本節的解析，我們或可扼要歸結出B. Barber所謂自由主義的「弱勢」或「淺薄」之處：「牛頓式的政治觀」不能說明「人類的互賴、依存、合作、同胞、友愛、社群及公民權」；「笛氏假定」企圖在一個永遠變動的世界中力求「靜止不動」；「非政治人的人性觀」假定各個個體是孤獨而疏離的，可是「『孤獨』不是人性，而是神祇或禽獸的特徵」；「無政府論的傾向」強調社會關係中各個個體的「首要性」，從而牴觸「那具有內在價值的社群觀念」；「實在論的傾向」試圖在自由名義下集中權力的行使，從而犧牲一個「自治的社會」；「極小論的傾向」所著重的寬容，雖是可敬的態度，但卻意指「不為『公共善』採取果敢的行動，而任令私人的、不正當的、不公道的市場力量，恣意踐踏同胞；不作傷害之事，但放縱傷害之事任意進行」；總之，由於「傲慢的哲學，虜掠了政治」，使得民主政治淪為一種「只是保障個體之自由、財產及隱私」的手段，因而就跟廣泛的政治參與、共同討論、相互合作，以及社群等觀念，扞格不入（Barber, 1984a: 57, 66, 89, 194, 105, 109, 112; 1998: 127-129）。如此說來，我們不禁要問，B. Barber所敘述的自由主義或「自由主義式的民主理論」，究竟正確無誤，還是恣意誇飾呢？誠然，如同其他各種主義的認定或歸類，B. Barber的敘述，當然惹起一些仁智之見（參見Cohen, 1985: 628; Waligorski, 1986: 229; Schultz, 1990: 675; Tucker, 1994: 115-120）。然而，依據筆者的淺見，在這個爭議上，我們或許必須注意兩個要點。首先，B. Barber對於自由主義者的認定，確實失諸浮濫；遠從17世紀的T. Hobbes直到當代的R. Dahl等各色各樣的學者，均被判定為自由主義者，甚至著名的馬克斯主義者N. Lenin也包含在內──B. Barber（1984a: 35, 102）將他稱為「自由主義的無政府論

群的觀念，但不堅持古典式的直接民主，也不背離現代社會的龐大規模。這一種「參與民主」的理論建構，根本上始於一個信念：「真理」乃是數學家或哲學家的追求標的，但在人際關係的領域中，並不具任何價值；民主政治本是人際關係的一種形式，從未回應「真理」的要求（Barber, 1984a: xii; 1998: 19-20）。在這樣的信念下，「政治」便被設想爲一種生活方式、認識論，以及社會存在（social being）。

首先，所謂將「政治」設想爲某種的性質或狀態，大體上乃在採取一種有關政治的觀念，亦即設定一種政治觀念。依據B. Barber（1984a: 117-138）的說明，「強勢民主」的政治觀念，首將「政治」設想爲一種生活方式，亦即認爲「政治」乃是「人們力圖互惠地生活在一起的方式；這些相互依存的人們，既具變動而可塑的性質，又有競爭而重疊的利益」（Barber, 1984a: 118）。迥異於自由主義，在這個政治觀念中，「轉化」位居核心位置。換句話說，「弱勢民主」將人理解爲「抽象人」，從而設定「隔離性」（separateness）爲人類社會的特徵；當角逐私利的各個個體，彼此之間產生衝突時，則試圖去除、或抑制、或寬容。「強勢民主」則將人理解爲「公民」，從而設定「共通性」（commonality）爲人類社會的特徵；當競逐私利的各個個體，彼此之間發生衝突時，則企圖透過參與方式，而來轉化——將「私利」轉成「公益」、將「衝突」轉成「合作」、並將「放縱」轉成「自制」。

B. Barber指出，這樣的政治觀念，足以勾勒出「政治問題」的基本形式：在缺乏獨立無私的判斷依據之下，當我們必須採取某種影響大家的措施時，且當我們願意依理行事、但對「目的與手段」各有仁智之見時，我們將作什麼呢？此一基本形式乃在提示，政治問題就是行動問題，絲毫無關「真理」或「絕對」的追

求。我們雖乏至高的真理或絕對的知識,但希望我們的行動,多少有點道理,而我們的選擇,也不是衝動、或任意、或私利的產物。顯然的,不論如何答覆,我們總須從事選擇;不論答案如何「合理」,總是無法獲得哲學上的絕對保證。在B. Barber看來,從這個基本形式的政治問題,可以披露出構成政治領域的七項條件:1. 行動;2. 公共性;3. 必需性;4. 選擇;5. 合理;6. 衝突;7. 缺乏獨立論據。「強勢民主」正是回應這七項條件的一種民主政治。所謂「強勢民主」,B. Barber(1984a: 132, 151)界定如下:

> 參與型式的政治;其所發生的衝突,在缺乏獨立論據之下,乃經由參與過程的進行、「準自行立法」的訂定,以及政治社群的建立,而來加以解決;其所建立的政治社群,能將獨立而隱密的諸個體,轉化成為自由的公民,也能把偏頗的私利,轉化成為公善。

按照B. Barber的說明,從上述的界說,至少可以引申出幾個值得注意的論點。第一,政治乃是「公民所作之事」,而非「對於公民所作之事」;行動、積極、負責、一齊討論、一同決定,以及一起工作等,乃是公民的德性,僅止於投票的消極群眾,不夠格稱為「公民」。第二,拒斥「原子化個體」的虛構,進而認為諸個體可在政治參與行為中建立起政治社群,並肇造一個合理的、審慎的公眾。第三,政治參與的過程,預設公民能作自主的、有意義的選擇。第四,「合理」不是一個抽象的先行條件,而是「強勢民主」本身所促成的一種態度。第五,「強勢民主」雖也始於衝突,但並不止於衝突:試圖透過政治參與、公共思慮及教育過程,而將衝突轉化成為合作。第六,「強勢民主」產生一種真正自主的、

自我校正的，以及自給自足的民主政治，從而獨立在任何「前政治的真理」（prepolitical truth）或「外在規範」之外。第七，在「弱勢民主」中，「選擇」乃指各個行為者各在諸選項間進行挑揀之事，從而就將「正當性」賦與多數擇定的選項；在「強勢民主」中，「選擇」乃是先將諸選項，訴諸參與過程中的共同討論與公共判斷，進而引導參與者去修正選項內容或擴充選項數目，以期各在公共方式中分別檢視其後果，終而進行揀選之事。B. Barber（1984a: 136-137）說：「投票乃是表達個體偏好的靜態行為，參與則是動態的想像行為……公共行動的正確性，既不依賴抽象的真理，也不依靠單純的多數同意，而是依據參與者的積極同意。」

其次，所謂將「政治」設想為認識論，乃指政治參與本身就是政治知識的主要來源（Barber, 1984a: 163-212）。這樣的見解，B. Barber稱為「政治認識論」（political epistemology）；基本上它否定「認識論先於政治」的信念，從而認為行動的知識或社群的肇造，不可能遠從高懸的抽象原則，層層推演出來，也不可能憑藉絕對的真理，一一證明成立。政治生活中若有真理，那麼如同一個著名的比喻，它是由「許多細線編織而成的粗索」（Barber, 1984a: 166）：透過共同的公民身分，許多公民聚集一起，各依己見，彼此互動；這些細如針線的各個意見，雖是細弱的、暫時性的，但是一經編織成為共同意志或公共目標時，就堅強如同一根粗索。

自B. Barber看來，政治參與既是政治知識的主要來源，那麼便可運用民主政治的主要德性，界定政治知識：在政治設定一個主權領域之處，政治知識乃是自主的、獨立在抽象論據之外的；在政治指定一個行動領域之處，政治知識乃屬實踐性的或應用性的；在政治具有演化性之處，政治知識乃是暫時性的、富有彈性的；在政治被理解為人類策畫的產物之處，政治知識乃具創造性

或人爲性；在政治本屬公共事務的顯著領域之處，政治知識乃是共同的或共識的，既非主觀的、又非客觀的。自古以來，「主權」就是政治的核心概念，而足以凸顯政治學成爲一門安排其他經驗領域之「支配性科學」(master science)的緣故。在主權領域的設定下，政治知識當然展現出自主性，因而其檢定，就須訴諸「是否便是公民自主意志的共識結果」的判斷，而非憑藉某種不可更易的哲學判準。一旦剔除哲學判準，政治知識自然彰顯出固有的經驗性質，而不必自困於高度抽象的「真理」難題。它在歷史的、經驗的系絡中成長茁壯，從而應用到未來的行動領域；它所關切的，乃是「我們將如何行動？」或「如何調解我們之間的差異？」這類不涉「真理」的問題。據此而言，進行政治判斷，首在企求行動方針或分享共識，而非發現永遠不變的「真理」或「原則」，因而其所產生的政治知識，總具暫時性、開放性、可校正性及彈性。值得注意的，此處提及的政治判斷，「意指政治視力(political seeing)，乃出自各個個體的社會互動及其共同檢視的想像努力」(Barber, 1984a: 171)。它既非私人感官的產物，亦非獨立在諸個體之外，也不作普遍性的宣稱，因此它不是主觀的，也不是客觀的。這就是說，政治判斷乃是促使各個個體去以「公善」辭彙再次陳構其利益、目的、規範及計畫的一種「我群思維」(a kind of we thinking)。

然而，如何促使各個自私的公民，去進行那從「公善」角度，陳構其利益的政治判斷呢？B. Barber(1984a: 172)指出，「政治談論」(political talk)乃是培養政治判斷的手段。所謂的「談論」，意指每一種包含語言或語言符號的人類互動。這可分從幾個要點，進一步加以說明。第一，「談論」不但蘊涵「講」，而且衍遞「聽」。自B. Barber看來，自由主義者在「談論」上，重視「講」而忽視

「聽」；這雖可孕育一些裨益「為民喉舌」或「利益表達」的政治制度，但卻凸顯出各個個體在口齒、台風及修辭等能力上的自然不平等。可是，在「強勢民主」的政治參與行為中，則透過「聽」的著重，而來平衡「講」，並促進相互之間的平等。因此，「我聽我聞」不是意指我細察對手的弱點與潛在的報償，甚至不是意謂我寬容對方去說些他想說的，而是指謂「我設身處地去理解對方的立場，去爬梳彼此之間的相似處，去傾聽那喚起共同目的或共同善的修辭」(Barber, 1984a: 175)。第二，自由主義者不但偏重「講」，並且試圖運用理性而來桎梏「講」。可是，純粹的理性世界，不知妥協，徒令「正義的追求」淪為「真實世界的逃避」罷了(Barber, 1984a: 176)。第三，「政治談論」不是滿嘴真理或先驗原則的空談，而是評論真實世界，並關切未來的行動。第四，B. Barber認為「政治談論」計有下述九項功能，但自由主義者只知前兩項：1. 表達利益；2. 誘導；3. 設定議程；4. 探索相互依存性；5. 激發情感；6. 維持自主性；7. 見習其他觀點並表達己見；8. 再概念化與再陳構；9. 培育出能下政治判斷的積極公民，以期建構公善、公益及社群。其中較值得注意的，或許就是設定議程的功能。大體而言，任何社會大都存在著難以勝數的各種問題；有些乏人動問，鮮被理睬，有些則動人聽聞，進而成為一個正式的「議題」。一個成為「議題」的問題，在某一程度上乃是一個已具處理效果的課題。換句話說，一個問題能否解決，首先取決於該問題是否成為一個「議題」，尤其事關「非決策的制定」(nondecision-making)(參見郭秋永，1995b: 188-190)。按照B. Barber的說法，在「自由主義式的民主」中，議程的設定，操控在政治精英手裏，一般公民也就喪失固有的權利與責任；但在「強勢民主」中，則透過政治參與過程中的「政治談論」，而由一般公民逕行設定，十

「人為的自由」。然而，如何創造「人為的自由」呢？B. Barber(1984a: 216)回答說，在「強勢民主」中，透過「公民身分」去正當化人的依賴性，進而經由「民主社群」去建立人的政治自由。

「公民身分」這一概念，雖在晚近再度成為民主理論家的討論重點之一(Burke, 1994: 58-59)，但其內涵至今依然見仁見智而無明確指謂。造成這種仁智之見的理由，固然是多方面的，但學者未曾明辨此一概念包含「地位」與「實踐」兩個向度(Prior, etal., 1995: 5-21)，或包括「條件」與「過程」兩個向度(Nisbet, 1994: 7)，或涵蓋九種不同的新、舊類型(Steenbergen, 1994: 1-9)，也許是其中一個主要理由。無論如何，「公民身分」究竟包含何種向度或多少類型，學者之間雖乏相同見解，但卻一致同意它是「一個頗有爭議的概念；它的意義，未曾清澈見底」(Steenbergen, 1994: 1)。那麼，B. Barber特別重視的「公民身分」，究竟意指什麼？依據他的看法，「公民身分」乃指理論家對於「公民」的主張或見解，從而可以分就下述三種問題的檢視，而來進一步說明它的涵義：1.什麼是「公民身分」的基礎或論據？2.什麼是「公民關連」的特質？3.什麼是「公民身分」的界線？(Barber, 1984a: 218)

B. Barber指出，在現代國家中，領土乃是「公民身分」的首要基礎。除此之外，不同的民主理論，分別接受一些不盡相同的「次要基礎」，以期彰顯「公民身分」的具體性質。就弱勢民主理論來說，自由主義者將公民視為「法律人」(legal persons)，認為公民透過「原始契約」，授權統治者在公民名義下統治公民。這就是說，公民乃是社會契約的一造，從而成為法律上的溫馴主體、統治者的選民、政府官僚的顧客，至佳是隻「看門狗」(Barber, 1984a: 218; 1988b: 36; 1998: 72, 98)。就強勢民主理論而言，公民

乃是透過共同參與行動而聚集一起的「鄰居」；他們關懷彼此之間
的共同問題，並試圖經由政治參與行為，解決相互之間的衝突。
簡言之，在「弱勢民主」中，公民乃是締約的「法律人」，而在「強
勢民主」中，公民則是參與共同活動的「鄰居」。

　　進一步說，根據B. Barber的觀點，在「弱勢民主」中，公民
原是締約的主權者，其後則是政府的子民，而跟政府構成縱向的
關連。在這種關連中，公民只是工人、雙親、消費者、天主教徒……
等眾多角色中的一個角色罷了；「主權者」的角色，喪失殆盡。B.
Barber(1984a: 221)說：「『選民』一字，原是一個指謂『憲法訂定
者』的高尚字彙，其後卻轉而指涉『投票者』，終而淪為『顧客』
的同義字——這是一個頗具嘲弄意味的字彙，指謂其所選出的代
表，為了保留職位，特意迎合、取悅、安撫各個個體。」在「強
勢民主」中，公民雖非時間上或空間上的鄰人，卻是想像上的鄰
居，而「公民身分」則促成鄰居之間的動態關係。這就是說，公
民可以透過政治參與的各種制度，聚集一起進行討論，以期孕育
出設身處地的能力與互尊互敬的態度，從而共同介入政府決策，
一齊負起行動責任。B. Barber(1993: 151)指出：「沒有權力的公民
身分，徒有虛表。」顯然的，公民的角色，不是眾多角色中的一
個角色，而是眾多角色中的主要角色；公民與政府之間的關連，
不是縱向的，而是「循環的和辯證的」(Barber, 1984a: 223)。

　　大體而言，在敘述「公民身分」的界線上，各種不同的民主
理論，實際上並無多大的差異；它們總會排除未成年人、罪犯、
精神病患及外國人等，進而不約而同地訴諸「普遍性」原則，儘
管各自所謂的「普遍性」，未必全然一致。然而，在解說人們如何
決定「公民身分」的界線上，各種不同的民主理論，也就呈現出
顯著的差別。依據B. Barber的說明，「弱勢民主」設定一個具體表

現在固定憲法中的類名標準（generic standard），而使得「公民身分」的範圍，成為一件契約之事，或「我們同意」的函數；「強勢民主」則設定一個具體表現在動態行為觀念中的程序標準，而使得「公民身分」的範圍，成為一件活動之事，或「我們所為」的函數。前一種的「公民身分」，訴諸憲法的界定；締約諸造雖可獲得一個不可侵犯的、持久的保證，但可能歧視女人、奴隸、無財產者、或猶太人。後一種的「公民身分」，乃是一個共同討論、一起審議的題材。不過，假使「公民身分」變動不居，那麼共同討論中的「短暫多數」是否就有排除異己或弱者的機會呢？B. Barber（1984a: 227）坦承，「公民身分」的程序觀念，雖然具有引人的開放性與動態性，但可能陷入「弱勢民主」可以規避的危險之中。

從上述三種問題的扼要檢視，我們或可歸結B. Barber的「公民」主張如下：1. 公民乃是試圖透過共同的討論、決策及行動，而來解決相互衝突的鄰居，絕非政策的旁觀者或顧客；2. 公民的主要德性，就是積極參與政治事務，「任何人都可能是位行為者，但唯有公民，才能算是政治行為者；群眾不能算作公民，即使當他們在投票之時」（Barber, 1984a: 126）；3. 對於絕對的真理或預先決定的價值，公民索然無味，若有真理或價值，那麼公民就是「這些真理或目標的肇造者，而非加工業者」，或者「在任何事例中，公民只願作得對，而非曉得正確」（Barber, 1988a: 18, 31）。在這樣的「公民」主張下，我們便可輕易瞭解B. Barber所謂的「民主社群」了。

事實上，如同「公民身分」，「社群」也是一個涵義分歧、界說各殊的概念（Cuuningham, 1994: 97; Kautz, 1995: 2）。在最廣泛的意思上，它是「社會」的同義辭；在較狹窄的意思上，它約略等

同「結社」，指謂一群分享某種特徵的諸個體，例如科學社群、倫理社群、或藝術社群等；有時，它也是「政治社群」的同義語，意指諸成員分享相同政治系統的一個集體（Prior, etal., 1995: 6）。在社群權力的經驗研究上，研究者通常認為「社群」不僅具有時空上的意義，而且包含人際關係、價值取向，以及組織結構等的社會意義；因此，它約指一群具有一定程度之社群意識的人們，於某段時期中共同生活在一個地區，而願以適當的組織和共同行動，處理共同遭遇的問題（參見郭秋永，1998: 198）。那麼，B. Barber所謂的「社群」或「民主社群」或「公民社群」，究竟意指什麼呢？自他看來，自由主義所謂的「社群」，乃指「追逐利益之諸個體所形成的一個總體」，從而將「社群」的存在性與正當性，歸諸那些企求保障自由、財產及生命等各個個體的自願同意上。可是，自由主義的此種社群觀念，預設「一個社群『僅僅』代表諸成員的特徵」；事實上，這種預設違犯了「總體的謬誤」（fallacy of aggregation）：竟將總體的性質完全化約成各個個體的特徵，不但忽視社群的公共特徵，而且漠視社群的情感、歷史傳承及共同見識（Barber, 1984a: 231）。顯然有別的，在「強勢民主」中，「民主社群」或「公民社群」乃指：

> 在缺乏獨立論據之下，自由的、積極的、自治的公民，一起參與共同未來的創造。（Barber, 1984a: 217）

這個界說的主要含義，端在於各個個體經由共同的討論、決策及行動等參與過程，而轉化成為一群具有社群意識、社群情感、共同見識的公民。在這種社群中，各個個體將會產生相當的轉變：「才能被發展，觀念被擴大，情感被昇華，靈魂被提升……自主

性被保留，見識被放大」（Barber, 1984a: 232）。簡言之，民主社群絕非「只是各個個體合成的一個總體」而已。

總而言之，一般所謂的「參與民主」，雖然包含古往今來各色各樣的民主理論或模型（Held, 1996: 264），但是B. Barber所建構的「強勢民主理論」，乃是一種回應自由主義的、現代形式的「參與民主」的理論。此一民主理論的建構，始於一個掙脫「哲學虜掠」的信念，從而試將「政治」設想為一種生活方式、認識論及社會存在，進而推出轉化、政治判斷、政治談論及社會性等論點，終而導出公民身分與民主社群兩個要旨。不管政治理論掙脫「哲學虜掠」的論旨、基本上是否也是一種哲學觀點，「強勢民主理論」的建構，確將民主理論的驗證（justification）工作，遠從「不可見的」哲學世界，拉回「可見的」政治生活中。環顧當代各種民主理論，「強勢民主理論」確實另闢蹊徑而自成一家之言。誠然，關於這個民主理論，尚有下述三個論點，值得進一步的評述。

第一，依據B. Barber(1984a: 198-201)的見解，自由主義者認為民主政治乃是有關選擇的一種政治，投票則是攸關選擇的核心制度。由於票數乃是「等比尺度」（ratio scale）的數量資料，能作加減乘除的計算，因此可依得票的多寡，而將權力委託給選任的「代表」。在這種見解之下，民主政治的旨意，端在於諸項偏好之間作一選擇，而政府的決策，也就是「多數人的偏好」的結果。然而，B. Barber評說，自由主義將民主政治化約成投票制度，十分可能陷入一個「代議民主的古典困境」：意興闌珊而不太在意投票結果的多數，能夠輕易勝過意志堅強而十分重視投票結果的少數。B. Barber指出，其所倡議的「政治談論」，可對參與者的「偏好強度」，提供更多的衡量機會，從而能夠排除「代議民主的古典困境」。他說：「在政治談論中，一位傾聽的公民，遠比參與投票

的個體或利益團體，更可能見聞一些投票記錄無法偵出的引人音韻與超凡意像。著名的民權運動領袖Martin Luther King，雖然只能投下一票，但卻可撥動成千上萬白人的心弦，吐露成千上萬黑人的心聲，從而鍛造出一種新的共同意志，藉以對抗美國根深柢固的種族主義」（Barber, 1984a: 207）。

所謂的「代議民主的古典困境」，乃指各個投票者的「偏好強度」的特定分配，惹起了「多數原則」是否合理的疑問。這就是說，選擇一個多數人不太偏好但少數人十分厭惡的選項，雖然符合投票制度的「多數原則」，但卻令人質疑其合理性。或者，多數人可依「多數原則」而合理地剝奪少數人的自然權利嗎？如果不合理，那麼能夠設計出一套免除此種困境的規則或制度嗎？大體而言，一般相信美國憲法中的司法審核制度，以及參議院的平等代表制，乃是試圖解決此種困境的一套設計。然而，依據R. Dahl（1956: 105-118）的實證研究，這兩種制度皆無預期的效果。平實而言，由於無法直接觀察或測量投票者的「偏好強度」，因此實難建立任何排除此類困境的規則或制度。B. Barber雖然深信參與者在「政治談論」中，能夠偵測出各自的「偏好強度」，從而可以規避困境，但正因欠缺直接的測量方法，終難免除一廂情願之譏！

第二，誠然，一旦承認政治知識不涉「真」或「偽」的課題，而有別於科學知識或哲學知識，那麼科學論證或哲學推理上一些固有的困境，就跟政治知識或推理風馬牛不相干了！依據B. Barber的說法（1984a: 167-168），在哲學知識的見解上，經驗主義（empiricism）主張知識依靠並推自「先行的觀察」（prior observation），而理念主義（idealism）則認為知識依賴並導自「先行的觀念」（prior ideas）。B. Barber指出，不論憑藉「先行的觀察」

或是推自「先行的觀念」，這樣的知識見解，在分析上終將陷入一些難以排除的困境。其中最難紓解的，就是「實然/應然」的困境（is/ought dilemma）。自筆者看來，此一困境至少包含數種涵義（參見郭秋永，1988: 200-377; 1997: 3-6），B. Barber則用來意指「自然主義的謬誤」（naturalistic fallacy），也就是用來指涉那將「規範與價值，植入自然與科學之中」的謬誤（Barber, 1984a: 168-169）。按照他的說明，自由主義爲了規避這種謬誤，遂在政治領域中苦守「演繹的分析規則」，以至於斤斤計較某一規範結論是否推自某種描述前提，而惶惶不可終日。可是，B. Barber認爲，一旦政治知識不同於哲學知識，或者，一旦政治知識「乃是實踐性的、創造性的，而非三段推論式的、演繹性的」，或者，一旦政治知識的檢定，乃是訴諸「公民自主意志的共識產物」，而非不可更動的哲學判準，那麼就不必煩惱演繹論證的嚴謹形式，而諸如「自然主義的謬誤」之類的哲學困境，也就無關政治知識了。可是，政治知識果真自成一格而有別於科學知識或哲學知識？此一問題，密切關連著下一個評論。

第三，B. Barber認爲政治理論的建構，千萬不可建立在那些「前政治的」、力求確定性的哲學基礎上；不然的話，非但事與願違，反而「植基在沙堆上」（Barber, 1984a: 43）。B. Barber爲何固持這種背離當代顯學的信念呢？原因或許是多方面的，但主要理由應是下述兩個：1.「自由」、「權利」及「正義」，乃是「本質上可爭議的概念」（an essentially contestable concept）（參見郭秋永，1995b）；2. 政治知識的基本性質，不是確定性的，而是暫時性的。根據B. Barber（1984a: 147）的說明，由於諸如「自由」之類的概念，乃是「本質上可爭議的概念」，只能在「政治生活中界定其意義」，不可能透過「抽象推理或外在權威」來確定其涵義，遑論用來「界

定政治」或作為政治理論的基石了。進一步說,在B. Barber看來,
政治知識乃在政治判斷中產生,完全不涉「真理」的問題,因而
只具暫時性。依據筆者的淺見,此種暫時性,迥異於方法論上所
謂的暫時性或假設性:經驗理論或政治知識系統的建立、修正及
放棄,脫離不了經驗印證與邏輯推演的交互考驗,因而就長遠時
間而言,經驗理論或政治知識系統,永遠處於暫時性或工作假設
的地位。換而言之,經驗理論或政治知識系統的建立,依賴一些
外在於政治生活的認識論規則(參見郭秋永,1988: 45-85);B.
Barber所指的政治知識,則依靠政治生活中的政治判斷。然而,
我們不禁要問,B. Barber力陳的「暫時性」的政治知識,是否無
異於言人人殊的主觀意見呢?

　　B. Barber(1988a: 194-211; 1998: 25-26)指出,「判斷」雖然不
是「完全的律理解釋」,但也不僅止於「觀察」;比起科學理論或
定律,它較富主觀性,比諸個人意見,它則較具客觀性。換句話
說,「判斷」介於個人意見與確定性之間,屬於「正確意見」(right
opinion)的領域——一種透過「世界中的人」(man-in-the-world)
而來界定的實踐領域,既不只訴諸「人」(主體),也不僅憑藉「世
界」(客體)。「判斷」既屬實踐領域,那麼「公民的共同活動,當
然構成了我們所謂的政治判斷」(Barber, 1988a: 199)。誠然,不同
於個人意見導至真理的方式,那從個人意見轉成政治判斷的路
徑,乃從「獨處」轉到「社會性」:在各種公開場合、公共論壇、
公開園地,以及政治談論中,各個公民盡可能陳述個人意見,從
而相互批評、彼此請益,終而一起行動。B. Barber(1988a: 199)說:
「政治判斷衍遞一連串的活動。這乃在力主政治判斷的本質,乃
是政治的,而非認知的;我們用來界定政治判斷的,乃是共同活
動與公共思維」。據此而言,政治判斷乃是「我群判斷」或「公共

判斷」（we-judgment or public judgment）；能作政治判斷的，唯有「我群」，而非「你」或「我」或「他」。顯然的，在B. Barber看來，政治判斷不是各個個人意見的單純彙總，而是諸種個人意見在彼此互動下所產生的「單一的整體判斷」。

然而，政治知識果真本具暫時性、不確定性及彈性？或者，政治參與過程中所進行的政治判斷，果真能夠產生「單一的整體判斷」，而不會造成針鋒相對的混亂場面？如果答案是肯定的，那麼政治知識頓失一向自詡的累積性，甚至政治學本身的「學科」地位，也岌岌可危。可惜，對於這個無比重要的根本論旨，B. Barber僅止於描述性的宣示，而乏全面性的論證工夫。

退一步說，姑且承認政治參與具有極大的教育作用，以至於在公民陳述個人意見的各種場合中，不會造成各營壁壘而針鋒相對的僵局、也不會導致拳腳相向而大打出手的混亂局面，那麼在「強勢民主理論」之下，如何規畫出一套相互呼應的「強勢民主制度」（strong democratic institutions）或「強勢制度」（strong institutions），也就成為一件刻不容緩之事了。

四、強勢制度

從上節評述可知，「強勢民主」乃是現代形式的一種民主政治。這一種民主政治，著重公民直接參與政治，尤其是「面對面」的討論、審議及判斷。顯而易見的，在規模龐大的「現代」國家中，這免不了惹起是否可行，或是否時代錯亂的質疑。然而，博得學界令名的B. Barber，果會無視於此一周知的困難，而盡行「子虛烏有」的理論建構嗎？為了化除這類質疑、進而彰顯「強勢民主理論」的實踐性質，B. Barber斟酌國家的幅員大小，進而提出

一套「強勢制度」。

　　一般學者不加思索就可斷定，直接民主或公民直接參與政治的制度，根本背離廣土眾民的國家規模，至多僅能運行於類似古代雅典的寡民小國中。政治學者R. Dahl甚至指出，即使古代雅典曾經運行的直接民主，也不是全部居民人人參與決策會議的一種政治制度，更不是每位與會公民個個爭相發言然後做成決議的一個政治過程（參見本書第二章第四節）。換句話說，直接民主縱然高度可欲，但在小國寡民的古代雅典中，仍然不曾以一般所設想的「直接」或「全面」方式而運行，遑論廣土眾民的現代國家了。

　　然而，B. Barber(1984a: 245-251)指出，在探究政治參與和幅員大小之間的關係上，首應注意兩個論點。第一，政治規模（political size）是一種序數量度（ordinal measure），而非基數量度（cardinal measure）。這就是說，政治規模的大小，基本上是相對的：相對於心理和科技。一個國家的疆域，廣闊到何種地步，才能算作幅員遼闊的大國呢？一個國家的人口，眾多到那一數目，方能說是人煙稠密的大國呢？三五好友結隊成行，可以視為「群眾」；足球場上揮舞的旗幟，能使成千上萬的陌生人，一心一意、齊聲吶喊，情同兄弟姊妹。在古希臘時代，只要城邦的領土，不超過一天的腳程，則公民便能參與任何集會，因而「一天腳程」的距離，或許就是邦城規模的最大值。於十八世紀，美國建國諸人仍然擔憂國家規模的問題，不但認為距離遙遠的西部，不易實行民主政治，並且試以代表、聯邦、選舉人、兩院制及權力分立等憲政，「而來緩和他們的民主傲慢」。19世紀的新聞報導和文獻記載，則充滿著令人驚奇的宣稱：新時代的機器，將使「時空消失」！時至今日，科技的突飛猛進，推擠著「地球的界線」；國際網路的溝通系統，已將全世界億萬的陌生人，密切連結一起，使

得似無邊際的地球，形同小規模的社群——「地球村」（參見Barber,
1996b: 270; 1998: 246）。如此說來，一旦理解「政治規模」易受科
技進步的影響，而政治社群可以奠基在「人際溝通網」之上，那
麼規模大小的問題，也就成為一個不難應付的挑戰，而非一個超
越不了的障礙。B. Barber指出，社會科學家一再發現到，不論在
先進國家或在落後社會中，一般公民時常呈現出強烈的「疏離
感」，而特別重視政治談論與共同行動的「強勢民主」，正是十分
適於克服「疏離感」的一種民主政治。

　　第二，規模大小與組織結構之間，呈現出一定的關係。B.
Barber指出，50萬人的地方組織，誠然小於數百萬人，但若前者
係以「單一的縱向關係」連結中央組織，後者則先分成許多層級，
而以「側生關係」交相連接，從而連結中央組織，那麼50萬人的
組織成員可能遠比數百萬人的組織成員，更具疏離感。因此，去
發展一些介於中央組織與地方組織之間的參與制度，進而強化交
互連結的「側生關係」，乃是紓解規模難題的一個適當方式。「強
勢民主」所要發展的，正是這類參與制度。當然，自由主義者相
信，代議民主乃是回應龐大政治規模的一個恰當方式。可是，早
在20世紀初期，政治學家R. Michels就已明白指出，代議民主的演
化趨勢，乃成拋物線的路徑：開始之時，誠屬民主，但由於組織
需要、個人心理及群眾企求等三大因素，便逐漸轉化，終而形成
寡頭統治。寡頭統治的走向，遂為任何組織結構無可規避的結果。
值得注意的，自R. Michels看來，一旦政治規模愈來愈大時，企圖
「代表」一大群異質的民眾，也就愈來愈顯得荒謬。那被選出的
代表，雖然號稱代表「群眾的意志」，但實際上卻在追逐特殊利益
或個人欲望的滿足。因此，代議民主的代表制度，基本上乃是選
民齊向組織、官僚及領袖的投降，以至於「投下選票之時，便是

失去自由之始」。總之,若要克服龐大規模的難題,與其訴諸代議原則,不如求諸「強勢民主」的參與制度。

在解析上述兩個論點之後,爲了更加彰顯現代國家中實施「強勢民主」的可能性,B. Barber(1984a: 262)特別指明其所規畫的「強勢制度」,能夠滿足五個判準。第一,具有實際上的可行性。第二,足以補充大規模國家的代議制度,而不與之牴觸,因爲改變的實際策略,不能是革命性的;這就是說,「強勢民主」的實踐,只能是「自由主義式的民主」的補強。第三,應能化除自由主義者的疑慮,亦即能夠排除大量社群參與可能惹起的劃一性、非理性、偏見性及不容異端性,進而保障個體、少數,以及多數統治的權利。第四,足夠具體處理現代政治參與的各種障礙,也就是應能克服規模大小、科技、複雜性,以及「偏狹主義的弔詭」等問題(所謂「偏狹主義的弔詭」,乃指公民從事地方性的政治參與,可能削弱本身的國家認同感,而中央權力的行使,則可能阻礙了有意義的政治參與)。第五,應使「公民政府」(government of citizens)具有取代「專家政府」(government of professionals)的可能性,亦即在代表、單純投票,以及「官僚與專家的治理」等選項外,應能提出一些可行的其他選項,以期彰顯「強勢民主理論」乃是一個重視談論、判斷及「公共視力」的理論。

值得注意的,滿足這五個判準的政治制度,將是一套有系統的、環環相扣的制度改革,而不是零零星星的、枝枝節節的制度修補,正如一套必須全盤接受的「和菜式的菜單」,而非可以隨興挑揀的「自助餐式的菜單」。B. Barber(1984a: 263-264)指出,在特定時間上採行一個零星的制度,即使此一制度滿足了上述五個判準,它依然具有易被濫用的高度可能性,例如,缺乏「政治談論」的公民複決制,容易淪爲政客的撥弄工具。換句話說,整套制度

的改革潛力，端在於各個個別制度之間的相輔相成，而零星採行個別制度，可能加重公民的「疏離感」，甚至破壞代議民主的原有保障，而無一絲一毫的參與效益。那麼，B. Barber自詡的整套制度，究竟是一些什麼制度呢？我們或可將他根據「強勢民主理論」與五個判準所規畫出來的整套制度（參見Barber, 1984a: 267-307; 1998: 109-110），分成甲、乙及丙等三大類的制度化，而一一條列如下：

甲、 「強勢民主談論」的制度化

　一、近鄰集會

　二、鄉鎮電子會議與市民溝通社

　三、郵資津貼制

　四、補充性的制度

　　1. 鎮民代表會議

　　2. 地方公職抽籤制

　　3. 調解委員會

乙、 「強勢民主決策」的制度化

　一、全國性的創制與複決

　二、電子投票

　三、抽籤輪任制

　四、優待券制

丙、 「強勢民主行動」的制度化

　一、普遍性的公民役

　二、里鄰共同行動

　三、工作場所中的民主

　四、建立里鄰公共場所

　　所周知，里、鄰、鄉、鎮等地方單元，向來就是民主社會的
基石。自B. Barber看來，一個社會僅有投票而沒有「政治談論」，
就毫無民主政治可言，因此在里、鄰、鄉、鎮中，必須設置「談
論場所」。此種場所的設立，旨在培養公民的能力，而不在行使權
力或制定政策。有鑒於當前社會均乏這類場所，B. Barber首先引
介的「強勢民主談論」的制度，就是分在全國各地的農村、鄉鎮
及郊區等，各別設置一個足供討論的「近鄰集會」（neighborhood
assemblies）。每一「近鄰集會」的成員，至少包含1,000名公民，
至多不超過5,000名公民，每週舉行一次會議，先行商討議程的設
定，然後探討議程中各項地方性或全國性的議題，以及各種委屈
與爭端。為使會議順利進行，除了會議主席與秘書之外，尚須設
置一名「輔導員」，專司會議的規則事宜。「近鄰集會」的場所，
可能先行設在學校或社群休閒處，但終須提供一個永續的場地，
以期「在我們投票處去對話，在我們辯論處去投票，在我們聽聞
處去辯論，在我們對話處去學習……從而使得里鄰的一座建物，
成為一個『公民之家』」（Barber, 1984a: 271）。

　　然而，「近鄰集會」的地方色彩，常有偏狹化的傾向，因此區
域性或全國性的公共論壇，也是不可或缺的制度。為了克服龐大
「政治規模」的參與障礙，「強勢民主談論」的第二項制度革新，
乃是設置「鄉鎮電子會議」（television town meetings）。在此種會
議中，電子網路的新科技，使得遠距離的參與討論，形同折枝反
掌之事，十分單純易行（參見Barber, 1998: 239-240）。可是，電子
網路乃是「兩刃之劍」（Barber, 1996b: 270）；這種新科技的運用，
雖然能使參與成為「直接的」，也可使溝通成為「區域性或全國性
的」，但卻有易被濫用或操縱的危險，因而勢須成立「公民溝通社」

（civic communication cooperative），專司電子溝通科技的發展與運用事宜。為能獨立而公平的運作，「公民溝通社」的成員應該包含里鄰代表、區域代表、支持政府人士，以及異議人士等。進一步說，為了確保各個公民皆能平等接近或檢索各類電子資訊，除了「公民溝通社」的協助外，尚須對於教育性的各種出版物，支給郵資津貼，以資鼓勵。此外，仍須建立一些補充性的制度。在直接參與確實難行之處，則以抽籤與輪流兩種方式，而從公民中選出一些代表，成立「鎮民代表會議」（representative town meetings）。在一些不必強烈要求專門知識與無須負擔太大責任的地方職位上，也以抽籤和輪流方式產生人選。對於一些不軌輕罪、家庭糾紛及交通違規等事件，則成立「調解委員會」從中仲裁調解。

在「強勢民主決策」的制度化上，首須建立全國性的創制與複決制度。申請創制或複決的公民，必須散居全國各地，例如至少分居在10個州或省，而其人數應該等同上次總統大選投票總數的2%或3%。一旦複決或創制案獲得通過，則在6個月後，再進行第二次投票，以資確認。假使全國公民在第二次投票時否決了原已通過的創制或複決案，那麼6個月後再舉行第三次投票，以便進行最後的判定。在6個月的等待期間，全國公民分在各種不同的集會、媒體及出版品中，具有廣泛討論、周詳思慮，以及多方咨詢的充分時機。至於創制或複決的選票，應該放棄「贊成或反對」的勾選格式，而改採諸如「極贊成、贊成、另行提案、延後表決、反對、極反對」的多重勾選格式。當然，這類表決或其他選舉，最好透過網路進行投票。由於抽籤與輪流的選任方法，既可免除財富的不當應用，又可使全部公民平等分擔責任，因此除了抽籤選出人選輪流擔任學校教育、都市計劃、執照發放及稅額審議等決策工作外，也應在各個「近鄰集會」中分別抽籤選出代表，輪

特別重視工作場所中的民主，尤其是「工廠民主」。這就是說，一般雇員應該組成一種「自我調整」的機制，以期自行決定日常的工作程序，甚至參與工廠運行、投資決定及市場銷售等等的決策。最後，為了滿足「政治談論」的需求，並為了強化公民的社群認同，當然應該提供一座建築物，作為里鄰活動的公共場所。

總而言之，自B. Barber看來，自由主義雖是當代顯學，但卻扭曲世人的政治理解，並限制民主政治的可能性，從而使得其所支撐的「代議民主」，淪為弊端百出的「弱勢民主」。這種「弱勢民主」的主要政治制度，乃是選任代表的票選、一人一票、多數原則、單一選區，以及兩黨制(Barber, 1984a: 199)。為了撥亂反正，B. Barber建構「強勢民主理論」，力主「強勢民主」乃是保存並促進人類自由的唯一選項，進而規畫出一整套的「強勢制度」，以期早日實現「強勢民主」。顯而易見的，這套新穎的「強勢制度」，隱含著幾個值得進一步探究的論點。

第一，假使果如B. Barber所說，「弱勢民主」的主要政治制度，確實依賴在自由主義之上，而別無其他的理論憑藉，那麼當他費盡心思力斥自由主義的不當後，為何在全然不同的「強勢民主」中，仍須保存「弱勢民主」的政治制度呢？根據B. Barber規畫政治制度的五個判準中的第二個判準，保留現行的代議制度，主要因為「改變的實際策略，不能是革命性的」。基於這個理由，B. Barber(1984a: 151, 262, 267)方才一再強調「強勢民主的實踐，只能是『自由主義式的民主』的一個修正」或「明智的民主改革，乃是添加『參與成分』，而非去除『代議成分』……亦即不是優、缺點一起徹底摧毀」或「強勢民主乃是公民自治，但不必然在每一層次上和每一事例中實施公民自治……並不希望公民在中央和地方政府中參與所有議題的決定。」然而，依據筆者的淺見，這

1987: 165），若用「民主的美酒，倒入自由主義的酒囊」這一種說法而來描述「強勢制度」，也不失公允之論，甚至運用「自由主義式的民主」此一語詞而來陳述其基本立場，仍屬尚可接受，只要能夠瞭解「自由主義」與「民主」之間的牽引與矛盾，進而保持它們的均衡關係。顯然的，按照B. Barber本人的坦承，不論是代議制度中添加「強勢制度」的說詞，或是「強勢制度」不牴觸代議制度的講法，概屬舊瓶新酒的規畫，從而意含B. Barber本人的讓步。然而，依據筆者的淺見，「新酒」雖然裝入「舊瓶」而難見新意，但基於下述幾個理由，「強勢制度」並非畫蛇添足、多此一舉的規畫。首先，「強勢制度」中的一些制度革新，尤其是「近鄰集會」之類的地方性參與設計，已經獲得許多自由主義者的贊同（Schultz, 1990: 676），至少吻合B. Barber所稱的自由主義者R. Dahl的新近見解（參見郭秋永，1997: 32-40）。其次，數十年來的經驗資料在在顯示，一般公民經常參與地方層次或工作場所中的決策，便可增強本身的政治功效感、政治興趣及政治知識等民主態度（參見郭秋永，1993: 93-114）。再次，一旦公民的民主態度漸告增強，則公民就更有能力去評估選任代表的政績、判斷全國性的議題，以及參與全國性的決策，進而影響全國性的政治生活。最後，即使「強勢制度」只是補充代議制度的一套規畫，但它依然十足地彰顯出公民自治的固有民主核心觀念，或十分有益於B. Barber所說的「公民社會觀念」（the idea of civil society）的復甦。依據B. Barber(1996a: 271; 1996b: 281; 1998: 146-148)的見解，一般公民的日常生活，通常具有三種領域：政府領域、私人領域及公民領域(civil domain)。「公民領域」即是所謂的「公民社會」或「公民空間」(civil society or civil space)。「政府領域」包含投票、納稅及陪審團等政府事務。「私人領域」包括生產、工作、採購及

預設的成立與否，才是其中一個關鍵理由。自筆者看來，實行整套「強勢制度」的可能性，繫於一個基本預設：公民一旦擁有參與機會，勢必積極從事參與行動，並在政治參與過程中產生「單一的整體判斷」而不致陷入針鋒相對的混亂局面。然而，由於政治參與乃是一種自主行使的「權利」，而非一項不得不履行的「義務」，並且人人參與不致陷入混亂局面的設想，也乏堅強的支持理由，所以這個基本預設實際上不易成立。進一步說，依據既有的各種經驗資料，所有公民雖在制度設計上平等分享參與權利和機會，但實際上不會均等運用。每個公民皆可自行決定何時、何地、如何、為何參與或不參與政治；這樣的自主性，正是古往今來備受珍視的一項民主價值！總之，在此一基本預設難以成立之下，試問如何實行整套的「強勢制度」呢？難怪B. Barber曾在「美國之音」坦承說：「我是一位知識上的悲觀者、意志上的樂觀者……身為一個企盼美好世界的公民與人類，我是一位樂觀者；身為一位社會科學家、一位歷史家、一位冷血旁觀者，我必須說，實現『強勢民主』的機會，小於百分之五十。」（Murchland, 1987: 171）

五、結語

二十世紀中葉以降，政治哲學的整個研究領域，尤其是民主政治的理論建構，先後遭受兩波「價值中立」論點的猛烈沖擊，而浮現出大起大落的劇烈變化，也潛藏著糾纏不清的基本難題。

首波的沖擊，肇端於1950、1960年代的行為主義。依據行為主義的見解，歷來政治哲學家所建構的理論體系、所推薦的最佳政府體制，以及所珍視的權利項目等，基本上是由一些毫無真偽可言的價值語句組成。因此，為求充分的科學化，政治研究首須

堅守「價值中立」的原則，檢視可觀察的行為資料，而不應一如往昔，一再埋首故紙書堆中從事無憑無據的哲學玄思、或琢磨無關真偽的價值陳述。次波的沖擊，來自1970年代以降的自由主義。按照自由主義的看法，任何個體對於「良好生活」（good life）的意義及其性質，各有不盡相同的觀點；任何個體均不應將其本身的觀點，強施他人身上。這些見仁見智的「良好生活」的觀點，乃屬「個人價值」，而為不可能加以解決的個體差異，也不可能從中建立一個理解其終極性質的客觀基礎。對於這種不可能解決的差異，自由主義者接受為一項事實，從而將其分析焦點，集中在一些足以確保各個個體能以最大自由追求各自「良好生活」的規則上。因此，政治理論的建構，首在力持「價值中立」的原則，從而去發現一套引導政治行動的、獨立在任何「良好生活」觀點之外的規則。

「價值中立」的首波沖擊，惹起了政治研究應否、能否、是否科學化的一系列論戰，從而引出方法論、認識論及本體論等政治學科之基礎課題的激烈辯論。次波的沖擊，雖也涉及政治哲學研究領域內一些十分重要的基礎課題，但在興味盎然的復興趨勢下，卻未引起廣泛的探究興趣。有鑒於此，筆者不揣翦陋，特別揀選B. Barber的「強勢民主理論」，進行詳細的解析，望能彰顯政治哲學研究中一些基礎課題的重要性，進而釐清民主政治和政治參與之間的密切關係。大體而言，本章的剖析工作，獲得了下述幾個較值得注意的論點：

第一，B. Barber所建構的「強勢民主理論」，乃是回應自由主義的一種「參與民主」的理論。其理論建構始於一個掙脫「哲學虜掠」的基本信念，從而試將「政治」設想為一種生活方式、認識論及社會存在，進而推出轉化、政治判斷、政治談論及社會性

等論點，終而導出公民身分與民主社群兩個要旨。環顧當代各種民主理論，「強勢民主理論」確實另闢蹊徑而自成一家之言。

第二，B. Barber相信其所建構的「強勢民主理論」，足以解決代議民主的一個古典困境（亦即投票者的「偏好強度」的難題），但因缺乏直接的測量方法，終難免除一廂情願之譏。

第三，假使政治知識自成一格，而不同於科學知識或哲學知識，那麼政治知識及其推理，自然不會陷入科學論證或哲學推理上一些固有的困境，例如「實然／應然」的困境。然而，政治知識果真自成一格?!對於這個重要無比的根本論旨，B. Barber僅止於描述性的宣示，而乏深入的論證工夫。實際上，這正是贊成與反對「強勢民主理論」雙方，甚至是當代所有政治學者，所須面對的重要課題。

第四，B. Barber基於「自由主義的扭曲政治」，而來批判現行的代議制度。這一種的論證形式，在未建立「自由主義乃是代議制度的唯一理論根據」的論證前提之下，事實上違犯了「否定前項的謬誤」。若為了避免這樣的邏輯謬誤，而先行建立該一論證前提，那麼在駁斥自由主義之後，就不得保留代議制度。簡言之，B. Barber在「強勢制度」中保存代議制度的辯解理由，難以令人信服。

第五，整套「強勢制度」能否付諸實踐，繫於一個基本預設：公民一旦擁有參與機會，勢必積極從事參與活動，並在政治參與過程中產生「單一的整體判斷」而不致陷入針鋒相對的混亂局面。然而，這一基本預設顯然難以成立，因此整套的「強勢制度」，不易一起付諸實行。不過，「強勢制度」中的一些制度革新，實際上頗具啟發性，甚至獲得自由主義者的贊同。

第四章

發展中國家的政治參與：
難以抉擇的參與模型

一、引言

近二、三百年來，一般公民的政治參與，一直都是歐、美政治生活中十分重要的一種現象。一些政治學者甚至指出，19世紀末葉以降的歐洲政治史，本質上就是一部「政治參與管道」的發展史（Nie and Verba, 1975: 31; Verba, etal., 1978: 2-5）。按照他們的見解，西方民主政治的演化，實際上沿循兩種方式進行。其中一種方式乃是，「政治參與之權利項目」的逐漸增加，例如選舉權、請願權、訴願權、擔任公職權，以及結社權等權利的逐一添增。另一種方式則是，分享「政治參與權利之人數」的逐漸增多，例如選舉權的歷史，便是漸漸取消經濟條件、教育程度、種族及性別等限制，從而使得享有選舉權的人數，逐步提高，終至成爲全體公民所共享的一個過程。

政治參與既是歐、美民主政治的重心，當代駢出迭陳而爭執不已的各種民主理論，大體上也就環繞著「公民參與角色」而打

轉。一般而言，這些紛紜雜陳的爭論，基本上可以區分成爲兩大類別的課題。其中一類重視「經驗性」的民主理論，著眼於公民實際參與的數量、模式、成因及後果，例如抱持「價值中立原則」的著名政治科學家R. Dahl所建構的「多元政治」（參見郭秋永，1998b）。另外一類則著重「規範性」的民主理論，專注於應該賦予公民何種程度或數量的政治參與，才能孕育出理想的公民德行，例如否定「價值中立原則」的著名政治哲學家B. Barber所揭櫫的「強勢民主」（參見郭秋永，1999）。然而，不論「規範性」或是「經驗性」的理論課題，也不管抱持或否定「價值中立原則」，政治學者的關注焦點，主要集中在歐、美先進國家。直到1960年代中葉以後，政治現代化或政治發展的探討，方才促使政治參與的經驗研究，漸由「已發展的」或「已開發的」歐、美先進國家，推展到亞洲、非洲及拉丁美洲等「發展中國家」或「開發中國家」。研究領域的嶄新推展，當然易於引起舊有概念、通則、模型、或理論是否適用的問題，從而激發出政治參與研究上的「舊意象」與「新意象」的轉換課題（參見Nelson, 1987: 103-5），並惹起一些有關方法論的研究的爭議。依據筆者的淺見，在這些仁智之見中，歷來最受矚目而足以「自成一家之言」的論著，莫過於S. Huntington的一系列著作了。

　　一向堅持「價值中立原則」的著名政治科學家S. Huntington，在政治參與研究領域上的論著，雖然不如他在「文明衝突論」上所引起的廣泛回響和激烈論戰，但其中獨排眾議的新穎見識，確也撼動學、官兩界無數人的心弦。筆者深信，在解析「多元政治」與「強勢民主」後，對於政治參與的規範探討或經驗研究，筆者應該已具一定程度的知識背景，而有助於剖析S. Huntington有關「發展中國家」政治參與的獨到見解，進而紓解其中一些極富挑

戰性但不易克服的根本難題。本文的主要目的，乃就「發展中國家」的政治參與，分析S. Huntington的立論基礎，從而說明各種難以抉擇的參與模型，以期釐清某些困擾學界已久的基本爭端。本文的分析，將從「政治參與的意義轉折」、「發展性的自由模型」、以及「階段性的參與模型」等三個重要層面，逐一分別進行。

二、政治參與的意義轉折

在政治學方法論的教科書中，強調概念製作之重要性的言詞，例如「概念實為科學研究的重要基石」或「概念的界定與測量，確為科學研究的關鍵步驟」，乃是俯拾即是的常見說詞。然而，在實際進行的各類研究中，除了少數幾個例外，這種信誓旦旦的重視說詞，往往流於草草交代的口惠言辭（參見Sartori, 1984; Kramer, 1986）。在這些少數例外之中，頗具啟發性而足以作為製作典範之一的，就是歷年來政治學者針對「政治參與」所進行的一系列的概念解析。

乍看之下，「政治參與」這一概念，似如A. Birch（1993: 80）所說，乃是一個「能夠輕易例釋其意義」的概念，而非一個「本質上可爭議的概念」。然而，稍加察考當代研究文獻，我們不難發現，政治參與的界說，竟然形形色色而不易取捨。它有時既包含參與態度又包括參與行為，有時僅指參與行為；當只指參與行為時，有時單指政治專業者的參與行為，有時兼指一般公民的參與行為；當只指一般公民的參與行為時，有時包括公民直接參與決策和公民間接影響決策兩種行為，有時單指其中之一的參與行為，或者，有時只指政府領域內的參與行為，有時也涉及政府領域外的參與行為；當指一般公民影響政府領域內的參與行為時，

它更依違於合法的和不法的、個體的和團體的、有效的和無效的、自發性的和操縱性的,以及規律性的和突發性的參與行為之間。難怪H. Bienen(1974: 8-9)曾經嘆道,它已經淪為一個幾乎涵蓋所有政治現象的雜湊概念了。H. Bienen的說法雖然稍嫌誇張,但各種研究文獻中「政治參與」的指涉範圍,確實橫斜圓直不盡相同。依據個人淺見,在各色各樣的界定方式中,S. Huntington的界說及其闡釋,扮演著關鍵性的轉折角色。

早在1952年,S. Huntington就已十分注意政治參與的經驗研究,也曾運用十分廣泛的方式,界定政治參與的意義。在一項合作研究中,S. Huntington等學者指出:「此處廣泛界定政治參與,而不自限於投票行為的狹窄意義……廣義而言,它包含競選活動、討論政治、接洽官員等活動。它不僅注意投票當天的行為,而且關注個體與政治系統之關係的基本向度……所謂的『關係』,不但包括投票、資助政黨及致函國會議員等單獨行為,並且著重政治系統中各個個體透過政治活動性質而展現出來的角色和位置。政治參與的範圍,從外顯活動到純屬興趣(諸如接觸大眾媒體)。」(Huntington, et al., 1952: 1015-6)從這個界說,我們可以清楚看出,S. Huntington等學者的界定方式,突破以往侷限於投票行為的界說,而將行為研究的觸角,伸展到相當寬廣的領域,並促成嶄新的研究風潮。可是,S. Huntington等學者雖然特別重視政治參與的「行為」,但也將接觸大眾媒體之類的「興趣」或「態度」包含在內。大體而言,這種廣泛的界定方式,未免失諸太寬。依據一般學者的意見,政治參與主要是一種「實際上的行為」,雖然關連著行為者本身的某種興趣、感覺、態度、或信念等心理傾向,例如政治興趣或政治功效感,但顯然有別於這些心理傾向。主觀上的心理傾向,也許就是促成參與行為的重要因素,但是並非政

治參與本身；除非政治行為者「有所行為」，否則不足以號稱「政
治參與」。值得注意的，S. Huntington等學者雖未分辨政治參與之
自願與否的性質，但從其界說和例釋，可以輕易斷定他們所謂的
政治參與，僅指「自主性」或「自願性」的參與行為。

　　除了要將心理傾向排除在外，M. Weiner(1971: 161-4)認為研
究者於界定政治參與時，尚需注意幾個論點。第一，政治參與僅
是一種「自願」行為。凡屬「非自願」的行為，例如納稅、義務
兵役、以及遵奉政府命令出席或組織群眾大會等行為，均不得包
含在內。第二，在「真正的」政治參與中，例如公職人員的競爭
性選舉，一般公民實際上必須皆能「有所選擇」。這就是說，一
般公民參加「僅有一名候選人」之類的活動，不是政治參與行為。
M. Weiner慎重指出，在專制政體中，此類「支持性的參與」(support
participation)或「強制性的動員」(coercive mobilization)，雖然具
有一定的效用，但不可跟「真正的」政治參與，相互混淆在一起。
第三，關於何種行為可以視作「政治的」參與行為，不同個體或
社會，可能各有不同的看法。基於這些論點，M. Weiner本人在爬
梳既有文獻中的十種界說後，逐將政治參與界定如下：「我們使
用政治參與的概念，指涉任何運用合法或非法方式，企圖影響地
方政府或中央政府之人事的自願行為。所謂人事，是指公共政策
的抉擇、或公共事務的推行、或政治領導人物的選擇；而自願行
為則包含成功的或失敗的，也包括有組織的或無組織的，還涵蓋
突發性的或持續性的自願行為。」(Weiner, 1971: 164)值得注意的
是，M. Weiner斷然把政治參與限定在「真正的」或「自願的」行
為，而排斥其所謂的「非自願的」政治參與，或「支持性的」政
治參與，或「強制性的動員」。依據他的見解，在一些專制國家
或「發展中國家」，掌握實權的政治領袖，常能輕易動員民眾以

期騷擾或破壞外國使館,也能動輒聚集成千上萬的民眾以便遊行示威或誓死效忠,從而令人以為,這些國家或地區中的政治參與數量,確實顯著遽增。然而,M. Weiner指出,權力在握的政治領袖,通常不容許自願性的政治參與,也不培育一些可以影響政策的工會、農會、商會及教師協會等專業團體,更不容許反對黨的存在。因此,所謂政治參與數量的遽增,大體上僅是形式的或無意義的(參見Weiner, 1966: 223-224)。

在比較或解釋各個國家的「政治參與數量」上,M. Weiner所提出的這個界說,或可免除一些十分可能惹起的誤解,從而使得「政治參與」在特定假設或理論中發揮應有的作用。然而,在政治參與的比較研究上,最常為人援用而甚具影響力的,卻非這個界說,而是另外一套的界說。此套極受矚目的界說,出自一個頗負盛名的研究團隊。這個研究團隊,在政治學家S. Verba和N. Nie的領導之下,大力推動「政治暨社會變遷跨國研究計劃」,而於1960年代中期起,針對美國、日本、荷蘭、印度、奧地利、奈及利亞、以及南斯拉夫等七個國家,分別進行一系列的政治參與的調查研究。他們先後提出的政治參與的界說,約略計有三個。在這三個界說中,用來界定的文字,雖然互有出入,但所要傳達的意義,實質上未曾更動。我們試引其中一個界說如下:「一般公民或多或少直接地以影響政府人事甄選或(及)政府活動為其目標,從而採取的各種合法行動」(Nie and Verba, 1975: 1; Verba, et al., 1978: 1, 46)。在提出這類界說上,他們先後做過七個論點的進一步說明(參見郭秋永,1993: 29-30)。其中較值得注意的,計有下述三個論點。首先,政治參與係指各種「以影響政府人事或決策為其目標」的行為,並不包含所謂的「儀式性的參與」、或「支持性的參與」、或「符號性的參與」。上文曾經指出,M. Weiner

把政治參與限定在「真正的」或「自願的」參與行為，而排除其
所謂的「非自願的」或「支持性的」或「強制性的」或「動員性
的」行為。如同M. Weiner，S. Verba等學者也主張，舉凡加入效
忠當局的遊行、參加政府組成的青年團體、參與儀式性選舉中的
投票、以及投入各種表示支持政府的經建活動等等，均非政治參
與行為。顯然的，他們所要探究的，乃是「民主政治的參與」
（democratic participation），著重於那從群眾中湧現出來的一種影
響力量，或是一種「自願的」行為。其次，不同於M. Weiner，S. Verba
等學者認為，影響政府人事或決策的方式，實際上為數頗多，但
他們所要研究的，僅限於「正規而合法的政治管道」，並不包含
暴動、抗議、暗殺、叛亂、以及各種暴力行為。最後，政治參與
乃是一種不易捉摸的概念。在特定社會中，原為法律所不容許的
參與行為，或者，原為某種人士或階層所獨享的參與權利，可能
隨著時代演進，而有劇烈的不同變動。進一步說，在甲社會中可
以視作政治參與的行為，在乙社會中則可能被看作擾亂治安的行
動。

　　值得注意的，對於自限在「自主性的」或「自發性的」或「自
願性的」參與行為的界定方式，S. Huntington基於四個主要理由而
深不以為然（Huntington and Nelson, 1976: 8-10）。第一，就個體的
行為層次而言，自願與否或自主與否的性質，與其說是「全有或
全無」，毋寧說是「或多或少」，因而難以斷然劃定一個「一分
為二」的截點。即使勉強堅持一個單一的分截點，依然可能留下
許多無法歸類的事例，從而顯露出分截點的任意性。例如，在朝
黨發起的遊行，就是動員性的（或強制性的，或操縱性的，或非
自願性的）政治參與，而在野黨策動的遊行，便是自發性的（或自
主性的，或自願性的）政治參與嗎？再如，前蘇聯公民可能由於

忠黨愛國而參加「只有一名候選人」的選舉投票，這在自主或自願的性質上，就完全不同於美國公民出諸政黨認同的投票了嗎？S. Huntington說：「總之，動員參與和自主參與，不是涇渭分明的二分類別。說明白些，它們形成光譜式的連續體。在這種連續體上劃定任何一點以期區別動員參與和自主參與，必然皆屬隨便任意。正因區分是隨性的、界線是曖昧的，所以我們相信，這兩種參與都應納入研究設計中，而非畫出一條人為分界線從而排除界線遠端上的所有資料與證據。」（Huntington and Nelson, 1976: 8）。

第二，就政治系統的層次而言，所有政治系統的政治參與，實際上都混合著自主性和動員性兩種參與；「程度之別而非有無之分」的性質，不但見諸個體行為層次，並且形諸政治系統層次。在許多民主政治系統中，一般公民的政治參與雖能影響政府人事或決策，但其參與行為未必完全出諸自願的或自主的；在一些威權的或極權的政治系統中，一般公民的政治參與，未必都屬非自願的或動員的。這就是說，不論在民主的或在非民主的政治系統中，公民的政治參與，皆是自願性和非自願性參與的一種混合。當然，組成此一混合的兩種成分比例，不但可以隨著不同的政治系統而有所差別，並且可在特定政治系統中隨著不同時期而有所差異。例如，民主政治系統中自主性參與的成分，遠高於威權政治系統；而威權政治系統中動員性參與的成分，則遠大於民主政治系統。再如，在某些「發展中國家」，經濟落後時期的動員參與成分，遠多於經濟起飛時期；而經濟起飛時期的自主參與成分，則高於經濟落後時期。顯而易見的，若將政治參與局限在自主性的參與，則無異於劃地自限，甚至隱含一個錯誤的假定，而誤以為政治參與只是民主政治系統中特有的一種政治現象！

第三，自主性參與和動員性參與兩者之間，可能具有某種動

態關係，而不宜遽然排除其中的動員性參與（或非自願性參與，或操縱性參與）。原爲動員性參與的行動，在歷經一段時間後，可能轉成自主性參與的行爲；反之，亦然。例如，在某些民主政治系統中（如美國），新近移民的投票行爲（如華裔美人的投票行爲），原先可能由於感激某種地方性組織（如中華商會）的幫助，而成爲一種動員性參與的投票行爲；久而久之，不論他們是否加入該地方性組織，其投票行爲十分可能轉成自主性參與的投票行爲；進一步說，全國性的政黨，不論是在朝黨或是在野黨，也可能成功地「滲透」並「掌握」該地方性組織，從而使其自主性參與行動，再度轉成動員性參與行動。同樣的，在威權政治系統中，一般公民原先可能由於外在壓力的驅使，才去參加投票，但其投票行爲往後可能逐漸轉化成爲公民職責的一種自願性表現，亦即可能轉化成爲一種表示支持政治系統及其領導人物的行動。顯然的，包含自主性和動員性兩種參與的研究，才能掌握兩者之間的動態關係，從而方能更加理解錯綜複雜的參與現象。

第四，自主性和動員性兩種參與，都對政治系統產生重大影響。不論是自主性參與或是動員性參與，這兩種參與行爲皆對政治領袖，設定某種限制或提供某些機會，從而影響到政治系統的運行，因此理應一併探究，不宜捨棄其中之一。雖然自主性參與者和動員性參與者的「動機」不盡相同，但我們不應就此斷說，唯有自主性參與者介入政治，而動員性參與者則完全置身政治之外；這正如我們不能斷定，參加戰爭的人，唯有志願從軍的士兵，那些被徵召入伍的士兵，則全然袖手旁觀。S. Huntington比喻說：「主張動員性參與者沒有參與政治，等於在說義務兵沒有參加戰爭……義務兵的動機，顯然不同於志願兵，而在某方面，兩者的行爲也可能互有出入。可是，在戰場上，義務兵和志願兵的大部

分活動，不但難以區別，並且同具類似結果。同樣的，在政治活
動上，動員性參與者和自主性參與者的行為及其影響，亦復如是，
儘管兩者的動機有別。」（Huntington and Nelson, 1976: 10）

　　顯而易見的，基於上述四個主要理由，S. Huntington一定認為
政治參與界說的涵蓋範圍，至少必須廣泛得足以包含動員性參與
在內。然而，如何界定，才能涵蓋適當的廣泛範圍，而不會重蹈
1952年所提界說之失諸太寬的覆轍呢？S. Huntington（1971: 303-
4）指出，在社會科學的研究領域中，一個有用的概念，不是具有
「匯聚功能」（aggregating function），就是含有「鑑別功能」
（distinguishing function）。所謂一個具有「匯聚功能」的概念，乃
指一個涵蓋許多次級概念的概念；其各個次級概念確實分具該概
念的特定性質，從而使得該概念及其諸次級概念的隸屬層次，足
以構成一個「傘狀」的形狀。S. Huntington特將這一種概念，稱為
「傘狀概念」（umbrella concept）。所謂一個具有「鑑別功能」的
概念，是指一個有助於將某事物分離出兩個或兩個以上形式的概
念；無此概念，該事物就無法區別。S. Huntington就是依據「匯聚
功能」和「鑑別功能」的有無，指稱「政治參與」乃是一個具有
「匯聚功能的傘狀概念」，並且重新界定如下：

> 所謂政治參與，我們意指一般公民用來影響政府決策的活
> 動。（Huntington and Nelson, 1976: 3, 4; Huntington and
> Dominquez, 1975: 10, 33）

　　依據S. Huntington的說明，上述界說雖然不包括一般公民的主
觀態度、政治專業者的行動、以及非政治領域內的參與，但包含
合法的和非法的、成功的和失敗的、有組織的和無組織的、規律

性的和突發性的、以及平和的和暴力的行動，尤其涵蓋著自主性
的和動員性的參與。S. Huntington指出：「我們所界定的政治參與，
不但包含行動者本人用來影響政府決策的活動，而且包括他人（並
非行動者）用來影響政府決策的活動。前者可以稱爲自主性參與，
後者則可稱爲動員性參與……動員性參與者（mobilized
participants）乃被誘導而去行動；關於其行動會給政府造成何種影
響，他們不感興趣，甚至未必瞭解。他們依照指示而行事；這泰
半或完全由於效忠、或愛戴、或尊敬、或害怕領導人，或者，由
於相信領導人會給他們好處。」（Huntington and Nelson, 1976: 6-7,
125-6）

　　除了指明政治參與的涵蓋範圍之外，S. Huntington再就政治參
與的程度（levels）、基礎（bases）及型式（forms），進一步說明上述
界說。他指出，在解析參與的程度時，必須區別兩種次級向度
（sub-dimensions）：廣度（scope）和強度（intensity）。前者乃指從事
參與活動的人數比例，後者則指參與活動的規模、持續性、以及
重要性。其次，研究者必須注意，除了少數個別性的參與行爲之
外，政治參與行爲大都植基在某種團體基礎（group bases）之上，
從而包含某種形式的合作活動，並謀求特定的團體利益。大體而
言，常見的參與基礎，約略計有下述數種：階級、政黨、派系、
里鄰、利益團體、主從關係（patron-client relationship）以及共同團
體（communal group,即在人種、宗教、語言及種族等方面，具有類
似性的人群）。進一步說，研究者雖可針對各色各樣的參與行爲，
依據其理論興趣進行各種分類；但晚近學者常用的型式或類型
（type），計有投票、競選、遊說、組織、接洽、以及暴力等六種
活動型式。競選活動包含拉票、捐款、賄選、綁樁、張貼海報、
發放傳單、擔任助選義工、以及參加造勢大會等影響選舉結果的

各種活動。遊說活動包括靜坐、罷工、示威遊行及集會抗議等活動。組織活動是指各種政治性組織的參與活動；這種組織可能致力於特定的個別利益，也可能專注於廣泛的公共議題，但皆以影響政府決策為其目標；身為此種組織的成員，不管是否積極介入各項的組織活動，加入組織這個事實本身，就已是一項參與行為——在某種意義上，組織本身代表消極或不活躍成員從事參與行為。接洽活動是指一般公民為了個人需求而接洽（或致函或賄賂）民意代表或政府官員的各項活動。競選、遊說、組織及接洽等四種活動，包含合法和非法兩種形式；但合法與否，常隨不同國家而有所差別，即使在同一國家內，也每因不同時期而有所出入。暴力活動是以傷害人員或毀壞財物的方式，而來影響政府決策的各種活動，包含暗殺、政變、叛亂、以及革命等。

　　由於政治參與可以分成上述六種型式或類型，所以我們勢需注意兩個進一步的重要論點。第一，某一型式之參與程度的增加，未必意謂另一型式之參與程度的提高。例如，不能單從甲社會投票率高過乙社會的事實，就逕行推斷甲社會內其他任一型式或所有型式的參與程度，也高於乙社會；同理，不能僅從甲社會投票率的明顯增多，便直接斷定甲社會內其他任何或所有型式的參與程度，也隨之提高。第二，按照S. Huntington的見解，我們雖可憑藉六種參與型式，分別條列各種測量項目，以資作為政治參與的「運作界說」（operational definition）（參見郭秋永，1993: 39-41），但卻不能據以建構出一個衡量「整體參與」（total participation）的綜合指標（composite index）。S. Huntington指出，只當每一參與型式之參與程度的增減，皆在反應相同因素，並對政治系統產生相似後果時，這一種綜合指標方才具有意義。然而，就政治參與的六種型式而言，每一參與型式之參與程度的增減，既非反應相同

的因素，亦未對政治系統造成相似後果，因此即使可以測得它們各自的強度或廣度，也難以獲得一種能夠簡單加總在一起的「相對權數」，以期代表「整體參與」。例如，接洽活動的廣度，通常不同於競選、遊說及組織等參與型式的廣度，既不反應社經發展的因素，又對政治系統造成顯然有別的後果，因而難將接洽、競選、遊說及組織等活動所測得的各項數值，簡單加總在一起而得出一個有意義的「整體數值」，遑論加上暴力活動的數值了！據此而言，我們似乎只能個別地談及某一參與型式的程度，而不能加總地述及「整體參與」的程度了。S. Huntington 鄭重指出：

> 如果我們想要理解不同參與模式的原因和後果，那麼不能認為參與是一種單純的、同質的變項。「政治參與」是一個傘狀概念，是一整組變項的總稱；每一變項皆能適合它的核心界說，但每一變項或多或少各具不同的因果，並跟社經趨勢呈現出不盡相同的關係。只在最籠統的意義上，我們才能說及某一社會中政治參與程度的整體增加，才能斷定甲國的參與程度高過乙國。然而，去領會政治參與的大致變遷和對照，依然是可能的，並且我們有時將要談到整體參與程度的變化。（Huntington and Nelson, 1976: 14-5）

至此為止，我們應可掌握當代研究文獻中政治參與的意義轉折了。早在1950年代，S. Huntington 等學者就已運用十分廣泛的方式，界定政治參與的意義，而首開此一領域上的實證研究風氣。可是，這個既包含「態度」又包括「行為」的界說，終因指涉過廣，而失諸太寬。1970年代以後，政治學者最常援用的政治參與的界說，不但限定在「行為」層面上，而且明白分辨「自主性」（或

「自願性」)和「動員性」(或「支持性」或「操縱性」或「符號性」或「儀式性」)兩種參與行為,並將政治參與的意義,限於前一種參與行為。1970年代中期的S. Huntington,雖然同意政治參與是一種「實際上的行為」,而不包含任何態度或心理傾向,但卻基於四大理由,矢志凸顯一般學者侷限於「自主性參與」的不足為訓,從而力主研究者要將「動員性參與」包括在內。依據個人淺見,在政治參與的這種意義轉折中,S. Huntington所憑藉的理由和所提出的定義說明,扮演著十分重要的角色。下文試就三個關鍵論點,披露其中蘊含的深遠意義。

首先,試就西方政治理論史上參與觀念的演化趨勢,鋪陳S. Huntington所提論據的重要意義。大體而言,在西方政治理論史上,「政治參與」歷來呈現出兩種截然不同的基本觀念。這兩種不同的基本觀念,分別對應著兩個互異的「政治見解」(views of politics)(參見Scaff, 1975; Barber, 1984)。第一個「政治見解」,乃將「政治」設想為一種生活方式,亦即認為「政治」乃是「人們力圖互惠地生活在一起的方式」。這樣的「政治見解」,要求公民時常聚集一起,設定一些可供探討的議題,從而各抒己見、相互討論、共同決策,期能解決彼此之間的可能衝突,並希望能將私利轉化成為公善。換言之,為了促成公善,各個公民應該平等參與決策過程,互信互賴以進行公開溝通,從而作成公平分配資源的各種決策,並付諸實行。依據這個「政治見解」,各個公民在共同的討論、決策及行動等的參與過程中,不但能夠增進政治知識、孕育公民德行,以及「成為自己的主人」,而且能夠培養並強化社群意識或社群認同感。簡言之,在西方政治理論史上,第一個「政治見解」蘊含著「交互性行動」的參與觀念(participation as interaction),而著重於「相互之間」的教育作用。第二個「政治

見解」乃將「政治」設想爲稀有資源(亦即權力)的競取力爭，而
「政治過程」就是權力的形成、分配及執行。在此一見解之下，
政治參與乃是影響或控制權力分配的一種政治行動。透過這種行
動，尤其是競爭性的定期選舉，一般公民一方面可從相互競爭的
少數政治精英中作一選擇，從而賦與統治權力，使其擁有施政的
正當性，另一方面則可表達其需求或支持，進而促成選任公職的
輪替，使得政治精英不敢忽視其需求，並確保政治精英的回應。
換句話說，政治參與具有保障公民本身的權利、儘量擴大公民自
己的利益、以及提供政治系統的正當性等功能。簡單說，在西方
政治理論史上，第二個「政治見解」涵蓋著「工具性行動」的參
與觀念(participation as instrumental action)，而著重於「由下而上」
的影響或控制作用。依據筆者的淺見，在當代既有的經驗性和規
範性兩種研究文獻中，政治參與的界說及其闡釋，雖然形形色色
不一而足，但規範性研究主要乃在反映「交互性行動」的參與觀
念，而經驗性研究則在反映「工具性行動」的參與觀念。誠然，
不論「交互性行動」或是「工具性行動」，政治參與的基本觀念，
向來密切關連著「民主政治」的概念。換言之，不論規範性研究
或是經驗性研究，政治學者泰半皆在民主政治系統中描述或解釋
參與行爲。有意無意間，在政治學者的心目中，非民主政治系統
中的一些影響政府人事或決策的行動，就非「參與行爲」了，至
少不是「真正的」參與行爲。誠如S. Huntington所說，這是劃地自
限的錯誤假定。基於上述四大理由，S. Huntington認爲政治參與的
任何經驗性研究，不應逕對政治參與的性質做出這樣的「先驗假
定」；政治參與本是「任何類別的政治系統」中一般公民影響政府
人事或決策的行爲。S. Huntington（1968: 34-5）說：「擴大一般公
民的參與行爲，在民主國家中，可以提高人民對政府的控制，在

表一　政治參與觀念的演化趨勢

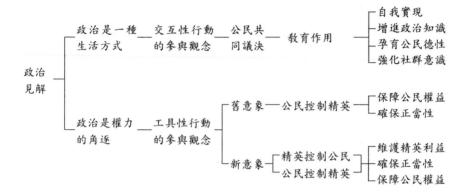

政治參與概念的特定性質，進而使得政治參與概念及這六個次級
概念的層級關係，足以構成一個「傘狀」。這六個參與型式或次級
概念既然「同具政治參與概念的特定性質」，而隸屬於同一概念之
下，那麼，理應能夠依據共享的「特定性質」建立一個有意義的
綜合指標。可是，S. Huntington卻持否定的觀點。他指出，這六個
參與型式「雖然皆被用來影響某一層次的政府，但它們並非彼此
都有關連，也非全以相同方向而變動，又非均在反映相同壓力……
我們不能將政治參與的各個型式有意義地加總在一起，所以極難
判斷一社會中政治參與的整個程度。」（Huntington and Nelson,
1976: 45, 159）在邏輯上，S. Huntington的這個見解，顯然陷入一個
進退維谷的困境中：他一方面認為此六個參與型式「同具特定性
質」，而足以共同隸屬於「政治參與」這個總稱之下，因而大可論
及某一國家的「整體參與」，另一方面卻斷定研究者不能將六個參

與型式各自測得的各個數值,加總成爲一個代表「整體參與」的綜合指標,因而只許個別討論某一參與型式的程度,至多「在最籠統的意義」上才能泛談整體參與程度的變化(Huntington and Nelson, 1976: 14-5)。值得注意的,在實際上,S. Huntington常在政治參與的相關著作中,綜論各個國家內參與程度之總體數量的多寡、增減及變化,尤其解析「發展中國家」的政治參與時,更是分就目標、手段及副產品等方面,提出自成一家之言的著名論點,完全「甚易」(而非「極難」)論斷一社會中政治參與的整個程度!這種左右爲難而又前後不一的困境,確實亟待解決。依據筆者的淺見,六個參與型式的數值變化,是否源自相似的原因、是否呈現出相同的變化、是否促成相近的結果,誠屬建立綜合指標的考慮基準,但「同具特定性質」也是一個值得斟酌的標準。S. Verba等學者曾經根據影響類別、後果範圍、衝突強弱、主動程度及合作層次等五個「特定性質」的各種合成狀況,而將政治參與區分成四個參與型式,從而在調查得到的各項數值資料上,進行「因子分析」(factor analysis),藉以印證理論上的區別是否對應經驗資料上的區分,並運用「因子分數」(factor scores)建構出一個代表「整體參與」的綜合指標(參見Verba, etal., 1971: 11-5: Verba and Nie, 1972: 47-51; Nie and Verba, 1975: 7-9; Verba, etal., 1978: 310-2)。筆者相信,爲了解決S. Huntington的困境,S. Verba等學者建構綜合指標的方式,確實頗爲值得仿效。當然,在界定並闡釋政治參與的界說上,S. Huntington之界說的指涉範圍,遠比S. Verba等學者的界說,更爲廣泛寬闊,甚至還包括暗殺、政變、叛亂、以及革命等暴力活動,因此要在S. Huntington的界說中,如法炮製地推出一些可資建構參與型式和綜合指標的「特定性質」,實非輕易之事。筆者認爲下述權宜辦法,也許不失爲退而求其次

的可行方法：暫時先將暴力參與型式另作處理；或者先行區分「慣常性」和「非慣常性」兩類參與行為；或者先行區別「合法性」和「非法性」兩類參與行為（參見Conway, 1991: 3-5），然後再依S. Verba等學者的建構方式，進行參與型式的印證和綜合指標的建立。

　　最後，在自主性參與和動員性參與的分辨上，S. Huntington的解析，雖然振振有詞，但也引出政治研究領域中一個尚待努力的基本課題。依照S. Huntington的說明，政治參與行為的自主（或自願）性質，本質上呈現出或多或少的程度差別，而非全有全無的類別差異，因此斷然「一分為二」的任何分截點，都難排除隨心任意的成分，從而不能客觀區別自主性參與和動員性參與。參與行為的自主性質，既然是光譜式的程度之別，則個體層次和系統層次上的任何參與行為，便都同時具有自主性和動員性，或都混和著自主性和動員性，只不過組成這種混和的成分比例，並非一成不變罷了。一般而言，政治研究領域上具有光譜式或連續體式之性質的重要概念，雖非俯拾即是，但也是所在多有。這類概念的特定性質通常是由淡而濃或由弱而強或由寡而多，逐漸呈現出順序性的遞增排列，因而左右兩端的事例，較清楚易辨，中間段落的事例，則較模糊難斷。就光譜式的自主性質而言，加入共產黨發起的群眾運動之類的參與行為（參見Lapalombara, 1978: 177-8），可能就是最少自主性（或最多動員性）而位於左端的事例，為了個人需求而接洽地方政治人物之類的參與行為，可能就是最具自主性（或最乏動員性）而位於右端的事例，至於大部分的參與事例，則介於左、右兩端（最少與最多自主性，或最多與最少動員性）之間，而混和著或多或少的自主性（或動員性）。然而，筆者必須指出，絕大部分政治參與行為之自主與否的性質，雖然誠如S.

Huntington所說，不易截然劃分，但是即使S. Huntington本人，也在上述所舉四個反對「一分為二」的主要理由中，依然使用這樣的二分法而高談「自主性參與」和「動員性參與」，甚至在其他相關著作中，竟然暢論「民主系統的參與乃是自主性參與，極權系統的參與即是動員性參與，威權系統則無參與！」（Huntington, 1989: 16）據此而言，這種捉襟見肘的困境，實際上披露出政治學界中一個亟待加強的基本課題：我們對於區分光譜式性質（例如自主性）的理解能力，遠落後於我們對於該區分的建構能力。換句話說，我們雖能理解「自主性參與」和「動員性參與」的差別，從而分別談及並探究這兩種參與行為（參見郭秋永，1985; Kim, 1980），但我們對於所做的區別，如同S. Huntington一樣，仍感不足而有所挑剔、有所批判。平實而言，這種批判本身，正是預設我們對於該區分業已約略理解，尚待加強的，乃是我們建構該區分的能力！筆者相信，強化我們建構這種區分能力的基本見解，適用於多數具有光譜式性質的政治概念。

三、發展性的自由模型

大體而言，「政治參與」雖是一個不包含主觀態度的行為概念，但卻帶有強烈的規範含意。一般人非但不會認為政治參與是一種不值掛齒的不當行為，反而相信它是民主政治系統能夠成功運行的一個關鍵因素。著名政治學家R. Dahl（1971: 5）曾經指出，本世紀中最顯著的一個變遷，乃是有關政治參與行為的評價，漸從片面性的否定之論轉成全面性的標榜之詞，即使最獨裁的統治者，依然不忘經常施加口惠式的頌揚。

按照 S. Huntington的觀察，在當今世界各國中，最珍視政治

參與的國家，莫過於美國。他指出，美國人大都相信，介入政治
事務乃是理所當然的應爲之事；因爲既能促成負責任的民主政
府，又可孕育出富有道德感的良好公民。美國人的這種信念，不
但顯現在公職人員的選舉數目與選舉次數上，而且表現在各種結
社的數目與活動中。換句話說，美國人深信，「政治參與的擴展，
乃是美國社會和其他社會的一個可欲的目標（a desirable goal）」
（Huntington and Nelson, 1976: 18）。一旦美國社會本身未能充分實
現這個可欲的社會目標，則其社會成員便感不妥，從而認爲應該
努力改善。同樣的，當美國想要援助其他國家時，美國公民便會
認爲美國國會應該明文規定，被援助國之政治參與的擴展，乃
是取得美國經濟援助的先決條件；一旦被援助國漠視此一可欲的
社會目標，則應中止美援。尤須注意的，S. Huntington指出，美國
人民珍視政治參與的信念，透過無數的學術著作，或顯或隱地反
映在下述的「發展性的自由模型」（liberal model of development）（見
圖一）。

　　在政治學方法論上，「模型」有別於「理論」（Isaak, 1985:
163-81），但S. Huntington不加分別而交替使用，因此圖一的「發
展性的自由模型」，有時又稱爲「發展性的自由理論」（liberal theory
of development）（Huntington, 1987: 15）。S. Huntington雖然曾說「理
論」指謂「若干概念變項之間的關係……一般是以『無時限真理』
（timeless truth）的形式而提出」，十分不同於「解釋」（explanation）
（Huntington, 1991: xiii-xiv），但從未正式說明「模型」的意義，
至多只說「每一模型皆是一個抽象」，從而具有下述五項作用：
1. 針對真實進行安排並加以通則化；2. 理解現象間的因果關係；
3. 預期並預測（若幸運的話）未來發展；4. 區別重要與否；5. 展示
某些達成目標的途徑（Huntington, 1996a: 30）。從這五項作用看

　　按照 S. Huntington 的術語，社經發展（socio-economic development），泛指都市化、工業化、農業商品化、傳播媒體的發展、職業結構的分化、以及一般包含在「經濟發展」和「社會動員」（social mobilization）兩種概念中的相關過程，也就是泛指整個「發展」或「現代化」過程中的部分過程（Huntington and Dominquez, 1975: 4; Huntington and Nelson, 1976: 17; Huntington, 1996a: 68; 1996b: 29）。那麼，社經發展為何能夠促進政治參與呢？S. Huntington認為一般學者提出「發展假設」的理由，約略計有五個。第一，一個國家的政治參與程度，通常隨著社會上「社經地位」的變化而變動。這就是說，在一個國家中，具有較高的所得、教育程度及職業聲望等的公民，往往具有較強的「政治功效感」、較高的「政治興趣」，以及較多的「政治知識」等主觀態度，從而較常從事政治參與行為，而較低的所得、教育程度及職業聲望等的公民，則較少具有此類的主觀態度，因而較少參與政治生活；就整個國家來說，當社經發展提高社會中「較高社經地位者」的人數時，自然而然地也就提高了政治參與的人數。第二，一個國家的政治參與程度，時常隨著社會組織或團體的湧現而提高。就個體層次而言，組織成員通常遠比非組織成員更易介入政治，而社經發展使得較高的所得、教育程度及職業聲望等的公民，更傾向於介入組織；就國家層次來說，社經發展促成組織類別的繁化蔓分，例如工會、商會、農會、文化組織、社區組織、娛樂組織及宗教組織等的大量出現，從而吸引更多公民加入各種組織，並強化或創造「團體意識」，以提高集體行動的可能性。簡單說，一個國家的社經發展，不但增加各色各樣的組織，而且吸引更多公民介入各種組織，因而提高了政治參與的程度。第三，一個國家的政治參與程度，時常隨著社會團體間的衝突或緊張而提高。一

般而言，國家的社經發展，可能引起社會團體間的緊張或衝突，
甚至可能產生一些威脅到舊團體的新團體，從而各自強化「團體
意識」，終而訴諸政治行動，期能維護本身的利益。例如，在國家
的社經發展過程中，一些都市的郊區，可能出現「土地擅佔團體」。
這些擅佔者通常採取集體行動佔用公地或私地，進而強化本身的
「團體意識」，終而訴諸各種政治行動，期能對抗地主、警察、或
市政單位，並望長期保有佔住區，甚至獲得水電供應之類的市政
服務。簡言之，一個國家的社經發展，可能增加新、舊社會團體
間訴諸政治行動以維護權益的可能性，從而提高了政治參與的程
度。第四，一個國家的政治參與程度，往往隨著政府職能的擴充
而提高。這就是說，一個國家的社經愈發展，愈可能擴大政府的
活動範圍，從而愈可能影響到一般公民和社會團體；一般公民和
社會團體愈加體認政府的相干性或重要性，則愈可能積極介入政
治，整個國家的政治參與程度，也就隨之提高。第五，一個國家
的社經發展，孕育「公民」概念，從而提高政治參與的程度。這
即是說，社經發展通常沿著國家層次而推進，因而促使各個個體
超越地方性、階級性、或宗教性等的區隔，進而認同或效忠國家。
這樣的國家認同感，往往展現在「所有公民都具有政治參與的平
等權利或責任」的公民概念上，而使得各種型式的參與行為獲得
「正當性」，進而提高各種型式的政治參與程度。

　　大體而言，這個「發展假設」雖曾得到或強或弱的經驗支持（參
見Huntington and Dominquez, 1975: 33-8; Huntington and Nelson,
1976: 19），但不是一個普遍成立的有效命題。一些實證資料分別
呈現出下述幾個情況。第一，一個國家或地區的社經發展，通常
隨著時間而穩定上升，但其政治參與程度未必隨著時間而緩慢提
高，即使隨著時間而變動，依然未必對應著社經發展的變化。例

如，在一些共產國家中，社經發展程度雖低，但投票率早已甚高；
其高度的投票率，當然不可能隨著時間的演進，而一再持續提高
上去。再如，在法國、日本、土耳其、菲律賓、以及巴基斯坦等
國家，較低社經發展的農村地區的投票率，遠高過較高社經發展
的都會區域。第二，一個國家或地區的政治參與程度，往往變化
緩慢，但在一些「發展中國家」，常有短期內忽高忽低的劇烈變化，
尤其是戰爭前後或獨立前後的時期，更有急遽的變動情況。例如，
二次戰後的土耳其和哥倫比亞的投票率，以及獨立後的肯亞、烏
干達，以及一些非洲國家的許多參與型式的參與程度，都有突然
滑落的情況。第三，一個國家或地區的各種政治參與型式的參與
程度，未必「全然一致」地隨著社經發展而提高；有些增加，有
些則減少，各種參與型式各有不同的多寡變化。例如，在許多「發
展中國家」，原有高度的投票率和低度的其他政治參與型式的參與
程度，當社經進一步發展時，投票率便告下降，而其他參與型式
的參與程度反而提高。再如，肯亞在獨立前的政治參與，大都集
中在選舉活動，獨立後則著重於遊說活動，十足展現出不同參與
型式各有不同變化的情況。總之，在一些情況下，一個國家或地
區的政治參與程度的變化，以及不同政治參與型式的參與程度的
變動，確實獨立在其社經發展之外。

那麼，在上述一些情況中，一個國家或地區的政治參與程度，
為何沒有隨著社經發展而變化呢？造成這種情況的原因，固然是
多方面的，但基本上有兩個主要理由。第一，一些受到社經發展
的影響、從而左右政治參與的因素，除了社經發展之外，有時可
能也會受到其他變項的影響。例如，團體衝突、團體意識、組織
介入、以及政府職能的擴大等左右政治參與的這些因素，雖然受
到社經發展的影響，但可能也會受到戰爭、移民、宗教、以及意

識型態等其他變項的影響,因而能夠獨立在社經發展之外而左右政治參與。當這些有別於社經發展的其他變項發生顯著的影響作用時,就使得政治參與的變化顯得無關於社經發展了。第二,社經發展中的某些過程,雖對政治參與具有正面的作用,但可能也會具有負面的作用。例如,政府職能的擴大,便對政治參與具有正、反兩面的不同作用。就反面作用而言,當政府職能擴大時,政府決策便逐漸專業化、複雜化、技術化及普及化,因而可能拉大政府官員與一般公民之間的「社會距離」,並降低一般公民的「政治功效感」,從而減少遊說活動和接洽活動的參與程度。從另一個角度來說,當社經發展使得決策數量快速集中在國家層次時,大部分公民的參與對象,在短期時間內,仍會停留在那日漸減少數量的地方性決策上,因而可能降低某些參與型式的參與程度。再如,社經發展所促成的各種關係或組織的「功能專化」,也可能降低政治參與的程度。在社經尚未發展的國家中,精英和群眾大都透過經濟、社會、宗教及政治等多重關係而連繫在一起。這種「多重功能」的關係,使得地主、仕紳、或村長等精英,易於運用社會威望、經濟誘因、文化優越及或隱或顯的脅迫,動員群眾介入政治。當社經發展促成各種關係或組織的「功能專化」後,這種原有的動員力量,便告減小,從而降低了政治參與的程度。又如,社經發展提高各個個體的「社會流動」的機會,而在短期上也可能降低政治參與的程度。一般而言,社經發展增強了道路的聯絡系統、提高了傳播媒體的數量,以及增加了城市的工作機會等,從而降低了農民移居城市或轉業的代價和不確定性,也大幅減少農民不得不訴諸政治行動的可能性。

綜合上述,我們或可斷定,就長期而言,一個國家或地區的政治參與程度,確實隨著其社經發展程度而變化,即使經驗研究

至今依然不能證實特定的因果流向，也不能否定國別差異。換言之，我們或可斷定，在其他條件均相同之下，這兩者確實相伴相隨、一起變動，但因各個國家或地區的「其他條件」實際上不盡相同，因而使得兩者之間固有的相關，顯現出更強或更弱或無關的改變。顯而易見的，能夠掌握這些不盡相同的「其他條件」，乃是能否更進一步推展政治參與研究的關鍵所在。依據S. Huntington的見解，就「發展中國家」而言，在這些不盡相同的「其他條件」中，最重要的條件，莫過於「政治精英對於政治參與的態度」和「社經發展過程中傳統社會的團體意識與凝聚力的程度」。總之，關於「發展假設」，我們可以接受S. Huntington的基本論點：「發展假設需從兩個方面加以修正。一般而言，『發展』和『參與』確實攜手並進。然而，在某些情況中，尤其當一個社會捲入一場規模龐大、創傷慘重的戰爭中，某些政治參與程度可能在缺乏相應的社經發展之下顯著提高；在另外一些情況中，例如在傳統團體意識和凝聚力均屬薄弱的社會，某些社經發展也能在缺少政治參與之下推展開來，而前者對後者的正、反作用，則不易確定。」（Huntington and Nelson, 1976: 53）

　　事實上，所謂的「發展假設」，除了明白設定社經發展和政治參與之間的因果關係外，它還隱含設定一個命題：社經發展促使「動員性參與」轉成「自主性參與」。不過，依據筆者的淺見，誠如本文前一節所指出，政治學者雖能約略區分「動員性參與」和「自主性參與」，但目前尚乏建構這種區分的能力，因此有關「動員性參與」轉成「自主性參與」的經驗研究，一向付諸闕如，從而難以判斷「發展假設」中這個隱含設定的命題的效力。或許，我們可從這個隱含設定，推出幾個可供進一步探究的想法。第一，當一個國家的社經尚未發展時，甚少政治參與行為，不論是「動

員性參與」還是「自主性參與」，尤其是在地方政府層級之外；一旦社經開始發展時，「動員性參與」首先擴充，「自主性參與」隨後逐漸擴展。這或可說明社經較不發展地區中的高投票率，以及其投票行為和公民態度之間呈現出無顯著關係的緣故。第二，一個國家的「動員性參與」，跟其社經發展呈現出倒U形狀的關係，而「自主性參與」則跟其社經發展呈現出線型關係。第三，在社經較發展的城市區域中，「動員性參與」的式微，反映在投票率的下降，而「自主性參與」的上升，則反映在其他政治參與型式的參與程度上（參見Huntington and Nelson, 1976: 54）。然而，不論經驗證據的強弱或有無，關於整個「發展假設」，S. Huntington所下的結論是：

> 在促進政治參與的擴展上、在促成參與基礎的多樣化上、以及在促使自主性參與取代動員性參與上，社經發展確實具有長期性的效果。自由模型中所設定的這些關係的效力，乃是成立的，雖然發展對參與的影響，未必是立即的、直接的、或完全的。（Huntington and Nelson, 1976: 64）

除了「發展假設」之外，在「發展性的自由模型」中，尚有一個重要的設定，它就是S. Huntington所謂的「平等假設」（equality hypothesis）：社經的更平等，導致民主的政治參與，或者，社經的更平等和民主的政治參與之間存在一個因果關係。然而，由於平等概念的難以測量，以及因果關係的不易確定，有關「平等假設」的經驗檢定，歷來就少如鳳毛麟角。S. Huntington雖曾查考一、二個類似研究，並提示兩種可能的檢定方式（Huntington and Nelson, 1976: 65-70），但尚稱不上「平等假設」的實際檢定。誠然，

圖一之中還有幾個尚待檢定的因果流向，例如：社經發展導致社經更平等，從而產生民主的政治參與，進而促成政治穩定；或社經發展導致政治穩定，從而促成民主的政治參與；或社經更平等導致政治穩定，從而促成民主的政治參與……。對於這些因果流向的設定，S. Huntington大都存而不論。

　　總而言之，關於圖一所設定的各種因果流向，S. Huntington事實上只對其中的「發展假設」，進行較為深入的檢視，其餘的各種設定，不是存而不論，就是數語帶過。儘管如此，S. Huntington仍對整個「發展性的自由模型」，臚列出下述幾項缺失：

一、方法論上的弱點：

　1. 各個因果關係的假定，大都推自最發展國家與最不發展國家間總體資料的靜態比較。

　2. 忽視變遷過程對於穩定、平等及參與的影響。

　3. 僅從相關資料就跳到因果關係。

　4. 端賴一個「新馬克斯主義」的前提：單從經濟導致政治的因果流向，而非相反的因果流向。

二、經驗證據上的質疑：

　1.「發展中國家」的政治暴亂與不穩定，實際上遠高於低度發展國家。

　2.「發展中國家」的所得分配，遠比高度或低度發展國家更為不平等。

　3. 高度經濟成長通常伴隨著日益不均的所得分配。

　4. 大量研究都在懷疑經濟發展與民主政治之間的關連。

三、歷史上的不相干：僅有美國近似「發展性的自由模

型」。(Huntington and Nelson, 1976: 20-1)

四、階段性的參與模型

不論S. Huntington對於「發展性的自由模型」的批評,是否鞭辟入裏,就1970年代的許多「發展中國家」來說,卻能顯現出非比尋常的深遠意義。自第二次世界大戰以來,在亞、非及拉丁美洲的許多「發展中國家」中,社經發展或多或少乃是一件事實:快速的都市化、漸增的識字率、緩增的生產量、漸進的工業化、漸密的大眾傳播網,以及激增的政治參與等,似乎都是難以否認的事實。可是,政治穩定、國家整合及民主政治等一向企求的政治目標,卻猶如羚羊掛角、無跡可尋。若依美國學、官兩界所深信的「發展性的自由模型」,社經一旦更加發展,則政治穩定或民主政治,理應伴隨而至了。然而,日復一日、年復一年,僅有一再重現的政變與叛亂,而無政治穩定;僅有一再重複的內戰與種族衝突,而無國家整合;僅有一再輪替的軍人干政與一黨政權,而無民主政治;僅有日見低落的行政效率,而無理性的行政革新。那麼,除了「發展性的自由模型」之外,是否另有參與模型?從一向自詡為社會「科學家」的S. Huntington看來,答案當然是肯定的。

誠然,在檢視各種參與模型之先,勢需掌握政治參與和政治不穩定之間的密切關係。自S. Huntington看來,許多「發展中國家」的動盪不安,主要肇因於社會的快速變遷、政治參與的遽增,以及緩不濟急的政治制度等因素之間的交互作用。這些因素之間的一系列關係,可用下述三個簡單式子,加以陳述(Huntington, 1968:

55; 1971: 314)：

A) 社會動員／經濟發展＝社會挫折
B) 社會挫折／流動機會＝政治參與
C) 政治參與／政治制度化＝政治不穩定

　　式A中的「社會動員」，是指一個社會中都市化、識字率、教育程度及接觸大眾傳播等的提高，使得人們可以脫離舊式之社會的、經濟的及心理的束縛，而接受新的社會化模式與行為；「經濟發展」指涉整個社會的經濟活動和生產力的成長；「社會挫折」乃指提高社會滿足新期望的能力，趕不上新期望本身的增長速度，從而在社會需求與滿足需求之間釀成一大差距，終而萌生不滿情緒。簡單說，「社會動員」提高社會成員的新期望，「經濟發展」增加社會滿足新期望的能力，「社會挫折」是一種不滿的社會情緒。因此，式A表示，當社會動員的速度愈快、經濟發展的速度愈慢時，社會挫折便愈大。反之，當社會動員的速度愈慢、經濟發展的速度愈快時，社會挫折便愈小。式B中的「流動機會」，是指水平與垂直兩種流動的機會；水平流動乃指，個體的地位可從一個社群或團體改隸成另一個社群或團體；垂直流動則指，個體的地位可從低階層升到高階層，或從高階層降到低階層。一般而言，當社會中的社經結構，具有相當的開放性，而能提供足夠的水平流動與垂直流動時，「社會挫折」便可透過「流動機會」而被排解。因此，式B是說，一旦產生社會挫折，當社會少有流動機會時，人們可能被迫採取政治參與行為，以期維護本身權益；流動機會愈小，訴諸參與行為的可能性愈大。當社會充滿流動機會時，一般人大都透過社會上或經濟上的努力，以期滿足本身的期望，

而不太會採取政治參與行為；流動機會愈大，訴諸參與行為的可能性愈小。式C中的「制度化」，乃指組織或程序獲得價值與穩定性的過程。「制度化」的層次愈高，組織或程序就愈能適應環境與時間的考驗、愈含有多樣的組織目標與次級單位、愈具有自立性而不受其他組織或程序的恣意影響、愈能調節並緩和新舊勢力的衝擊，以及愈具有凝聚力。因此，式C表示，當社會成員訴諸政治參與行為時，假使政治制度處於低層次的制度化階段，而缺乏正規管道以資疏導或匯整，那麼將會導致政治不穩定；政治參與程度愈大，政治制度化愈低，政治愈不穩定；反之亦然。就許多「發展中國家」的實際情況來說，社會既少流動機會，政治制度又乏制度化，但社會動員的速度卻遠快於經濟發展，因而急遽增加的政治參與程度，就很容易造成政治不穩定。

諸「發展中國家」雖然致力追求政治發展，但舉目所見，卻是一團紛亂、一片衰敗。顯而易見的，如何重建公共秩序，乃是「發展中國家」刻不容緩的迫切課題。S. Huntington（1968:7-8）指出：「人類可以無自由而有秩序，但不可能無秩序而有自由。在權威能被限制之前，權威必先存在；在那些現代化中的國家，權威的蹤跡，難得一見，滿目所見的，卻是政府聽任疏離的知識分子、桀驁不馴的軍官，以及騷亂的學生等的恣意擺布。」事實上，在S. Huntington看來，「秩序」不但是「發展中國家」首應追求的重要價值，而且也是世界各國不得漠視的基本要務。S. Huntington（1968: 1)指出：「世界各國間最重要的政治差別，不在於政府形式（form of government），而在於統治程度（degree of government）。」例如，美國、英國及前蘇聯等三個國家，雖然具有不同的「政府形式」，但共同具有高度的「統治程度」。在這三個國家中，人民皆對政治系統的正當性，共享高度的共識；公民與領袖也對公共

利益與建國原則，分享相同的見解。尤須注意的，這三個國家都擁有高度適應力與凝聚力的政治制度，亦即它們都具有效能的行政系統、組織良好的政黨、政府介入的經濟活動、以文領武的軍事系統，以及控制政治衝突與調節權位繼承的合理程序，因而皆有能力課徵稅收、徵召人力、執行建設工作，並受到人民的擁護。據此而言，一個國家究竟穩定還是脫序的差別，遠比一個國家究竟民主還是獨裁的區別，顯得更加重要而富有意義。這就是說，區分世界各國的最主要的標準，端在於「統治程度」，而非「政府形式」。

　　「秩序」既是政治系統的首要之務，則急遽增加的政治參與，自然應當盡量避免；S. Huntington甚至指出，即使號稱唯一近似「發展性的自由模型」的美國，依然也曾不堪負荷過度的參與數量而露出「民主敗象」（democratic distemper）！按照S. Huntington的說明，在20世紀的1960年代，美國掀起波濤洶湧的「民主浪潮」。在這驚濤駭浪的十年之中，「抗議精神、平等精神、剷除不平等的衝動，以及撥亂反正的心態，瀰漫整個大地。1960年代風行的主旋律，乃是傑克遜式的民主（Jacksonian democracy）與揭發醜聞。」（Huntington, 1975: 60）大體而言，1960年代的美國民眾，針對既有的政治制度、社會制度及經濟制度等，進行一系列的廣泛挑戰，既反對權力集中在聯邦政府的行政部門，又關懷少數民族與婦女的參政權利，更高懸平等原則以痛批那些擁有過多權力與財富之人。這一波波的「民主浪潮」，淋漓盡致地自行表現在各種政治參與行為中。除了投票活動之外，十年中的選民登記、示威遊行、靜坐抗議，以及組織活動與競選活動的各項指標，皆呈現出上升趨勢。政治參與的快速擴充，不但反映在黑人、印地安人、白人少數民族團體、婦女、學生等日益高漲的自我意識，以及他們日

漸增多的議員與州長的當選數目上,而且反映在公、私機構中專業人員、技術人員及辦事人員等確保本身權益的各項參與努力上。然而,這樣擴展的政治參與程度,一方面促使政府的主要開支,漸從國防與國際政治,轉至社會安全、醫藥健康、保險給付及教育等福利部門,進而造成預算赤字、通貨膨脹及政府債務的高築,另一方面則導致政府權威的式微,從而在政治信任感、政黨認同及政黨一致性等代表信賴權威的各項指標上,皆呈現出下滑趨勢。簡單說,「在1960年代中,美國的民主活力,導致了美國的民主敗象。」(Huntington, 1975: 102)為了撥亂反正,S. Huntington主張,美國應該孕育「某些個體與團體」的政治冷漠感,而使他們不會從事政治參與行為。他說:

> Al Smith曾經評道:「民主痼疾的唯一救藥,就是更多的民主。」但我們的分析指出,目前服用這種救藥,無異於火上加油。相反的,在今日,美國的某些統治問題,乃來自「民主氾濫」……當務之急,則是較大程度的民主節制。在實踐上,這種節制具有兩大應用領域。第一,民主僅是構成權威的一個方式而已,它未必就是一個普遍可應用的方式。就構成權威的方式來說,在許多情況中,專門知識、資歷、閱歷及特殊才能的要求,可能凌駕民主要求。例如,聘任教師必須徵求學生同意的大學,可能是一所比較民主的大學,但不可能是一所比較好的大學。簡言之,適用民主程序的舞臺,乃是有限的。第二,民主政治系統的有效運行,通常要求某些個體與團體,保持某種程度的冷漠與不介入。過去,在每一民主社會中,都有一些不介入政治的邊緣人口,不論其數目的多寡……然而,社會中的這些

邊緣團體，例如黑人團體，現在卻是政治系統中的完全參
與者。政治系統的過度負荷的危險性，依然存在。比起歐
洲或日本，民主對美國更具威脅性。（Huntington, 1975:
113-5）

　　大幅降低社會中某類公民的政治參與程度，既是1960年代美
國「民主敗象」的一帖救藥，那麼是否也是匡濟多數「發展中國
家」內政治亂象的一劑良方呢？事實上，S. Huntington所謂的政治
參與程度的提高或降低，根本上蘊含政治參與的變動，大可操控
在政治精英的手中，從而隨其政治目標而產生高低或多寡的變
化。這樣的蘊含意義，誠然是別出心裁的「一家之言」。在S.
Huntington看來，歷來政治參與的經驗研究的最大缺點，就是竟然
偏重社會因素與經濟因素，而完全忽視最關鍵的政治因素，因此
他一再指出：

　　在任何社會中，政治精英對於政治參與的態度，可能是影
　　響社會中參與性質之最具決定性的單一因素。

　　參與策略的選擇，本質上就是精英的抉擇。

　　在任何時期上的一個社會中，精英的選擇與態度……乃是
　　政治參與的最強有力的決定因素。（Huntington and Nelson,
　　1976: 28, 36, 169）

　　政治參與的變動，既然繫於政治精英的態度，那麼「發展中
國家」的政治精英，對於政治參與的變化，究竟抱持何種態度呢？

S. Huntington指出，在多數「發展中國家」，政治精英雖然時常公開宣揚政治參與的珍貴，但其政策與行動，卻常大異其趣；這主要因爲政治參與至多是他們的一種工具性價值，而非一種目的性價值。這就是說，政治精英對於政治參與的態度，基本上受到甲、乙兩種目的性價值的影響：甲，掌權，亦即政治參與程度是否提高或降低，繫於精英能否獲得權力並保持權力的思維上；乙，其他發展目標，亦即政治參與程度是否提高或降低，依賴它到底是不是一個達成社會安全、或擴充軍備、或國家整合、或經濟發展、或社會平等、或國際聲望等其他發展目標的手段上。就在朝的政治精英而言，不論他們追求一個或多個目標，政治參與的變化，通常隨著其主要目標而變動。大體上，在朝的政治精英，雖有能力左右政治參與的變動，但往往無意擴大政治參與，甚至時常試圖降低。就在野的政治精英而言，組織並推動各種新、舊團體介入政治，乃是增強政治力量、取代在朝精英的一種手段。因此，他們勢必力圖擴展政治參與，雖然未必具有足夠的推展能力。一旦在朝精英深感威脅時，除了試圖壓制政治參與外，可能也會刻意推動某類參與行爲，期能吸引各種團體以對抗在野精英，而使得政治參與快速擴展開來。在朝精英引入新團體以期對抗在野精英的策略，約略計有：透過政黨或結社，組織該團體；推行有益於該團體的政策；創設新參與管道以便將該團體引入政治系統；安插該團體領袖擔任政府重要職位。當然，在朝精英對於執行重要政府計畫的機構的選擇，例如究竟由中央政府或是由地方機構執行土改計畫的選擇，也會影響政治參與的變動。此外，儘量擴展政治參與，則是提倡民族主義的政治精英，藉以驅逐異國統治或外國影響的一個手段。總之，在「發展中國家」，政治精英（尤其是在朝的政治精英）的選擇與態度，乃是影響政治參與程度和型

式的一個最強而有力的主要因素。

那麼，「發展中國家」的政治精英，如何選擇呢？S. Huntington 指出，這些政治精英的選擇，約可分成四種模型：「中產階級模型」（bourgeois model）、「專斷模型」（autocratic model）、「技術專家模型」（technocratic model），以及「民粹模型」（populist model）。這四種模型雖非窮盡了邏輯上與事實上的可能性，但卻頗能「掌握當代許多發展中國家內政治參與及其他發展變項之間的動態變化。」（Huntington and Nelson, 1976: 21）依據S. Huntington的見解，在當代多數「發展中國家」內，政治參與及其他發展變項之間的關係，會在整個參與演化的不同階段上，發生根本的變動。這些不同的階段，約可區分爲二：第一個階段，涉及城市中產階級之政治參與的擴大問題；第二個階段，關涉城鄉低階級之政治參與的擴展課題。

在第一個階段中，國家的經濟活動，開始發展，經濟上的不平等，逐漸拉大，擴展政治參與的社經基礎，也日益強化，整個社會便面臨一個抉擇：「中產階級模型」與「專斷模型」之間的一個重要選擇。若選取「中產階級模型」，則優先考慮城市中產階級的政治需求，進而擴展他們的政治參與。在這種發展策略下，城市中產階級至少可以透過選舉制度和代議機關，致力於追求本身的經濟利益，從而促成進一步的經濟發展，但也造成更大的經濟不平等。若選取「專斷模型」，則集中政治權力，壓制城市中產階級的政治參與，並推動社經平等的策略。假使政府當局具有足夠的能力，則可透過官僚系統，強制實施土地改革，一方面爭取農民的支持，另一方面抗拒新興的城市中產階級，以期促成社經平等的目標。在推行土改之後，經濟發展可能導至經濟不平等的趨勢，便告緩和，甚至產生小農地主階級。大體而言，在發展

的第一個階段上，偏好城鄉平等的政治精英，將會選擇「專斷模型」，降低政治參與程度；反之，則會選擇「中產階級模型」。

就選取「中產階級模型」的國家而言，日趨懸殊的社經不平等，在一定時期之後，不但限定了中產階級本身的數量增加，而且也會促使低階級起而要求更多的參與機會，並試圖接近權力核心。如此一來，整個社會發展就進入第二個階段，從而面臨著另外一個抉擇。就選取「專斷模型」的國家而言，被壓制的城市中產階級，過了一定時期之後，雖然可能要求更多的參與機會，但從土改或其他社經平等策略得到實利的低階級，則會十分積極地要求更有效用的政治參與，因而也使整個社會邁入第二個階段，面臨著另外一個抉擇。這個不同於第一個階段上的抉擇，即為：是否擴展低階級的政治參與呢？「技術專家模型」顯示出否定答案，「民粹模型」則提供肯定答案。依據「技術專家模型」，為了進一步促成經濟發展，必須壓制低階級的政治參與，儘管可能造成更大的社經不平等。然而，貧富之間日益擴大的鴻溝，十分可能促成政治參與的再次壓制，有時也會導至「參與爆炸」（participation explosion），從而摧毀既有政治系統，並徹底改變社經結構。不過，究竟促成參與的再次壓制，還是導至「參與爆炸」，則是一個難以立即判定的問題。簡言之，「技術專家模型」可能構成如圖二（見下頁）的惡性循環。

按照「民粹模型」，為了力求較大的社經平等，必須擴展低階級的政治參與，並推行福利政策，儘管可能妨礙社經發展。然而，當愈來愈多的團體或個體，力圖分享日見萎縮的經濟成果時，社會衝突便會快速增加，因而造成政治不穩定。這樣的政治不穩定，雖然十分可能促成更多的政治參與，但有時也會導至兩極化的社會，進而引發內戰而摧毀整個社會，或爆發「參與內破」

（participation implosion）而促成軍人掌權。若軍人持續掌權，則軍事領袖將會運用其他社會力量，壓制政治參與，而使整個社會趨向「技術專家模型」。

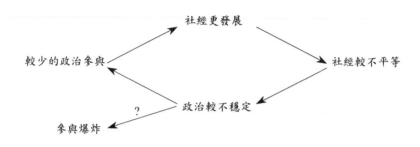

圖二　技術專家模型的「惡性循環」

（摘自 Huntington and Nelson, 1976: 24）

若軍人喪失權力，則整個社會可能重新開始「民粹模型」的另一個循環。簡言之，「民粹模型」可能形成如圖三的惡性循環。

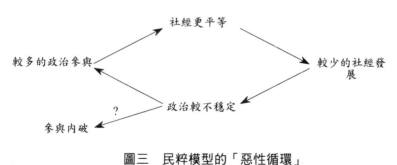

圖三　民粹模型的「惡性循環」

（摘自 Huntington and Nelson, 1976：25）

　　大體而言，在發展的第二階段上，偏好經濟成長的政治精英，將會選擇「技術專家模型」，降低政治參與；反之，偏愛社經平等的政治精英，將會選擇「民粹模型」，提高政治參與。

　　如此說來，上述兩個階段上的四個模型，顯然有別於「發展性的自由模型」。第一，在這四個模型中，政治參與的擴展或縮減，基本上可以視為一種達成其他目標的手段，即使將它本身看成一目標，其優先性依然未必高過其他目標。因此，在這四個模型中，政治參與不但是所要解釋的依賴變項，並且是發揮影響作用的獨立變項；政治參與的多寡，可以影響社經發展、社經平等及政治穩定，反之亦然。然而，在「發展性的自由模型」中，政治參與僅止於一個只被影響的依賴變項。第二，如果政治參與的擴展或縮減，也是一個目標，那麼，這四個模型均肯定，在各個目標之間，可能含有某種「不相容性」，從而蘊含選擇的難題。例如，政治參與的擴展，在第一個階段上，雖然適合經濟發展，但牴觸社經平等的追求；而在第二個階段上，雖有助於社經平等，卻違背經濟發展的目標。因此，在朝的政治精英，就常陷入難以抉擇的困境。可是，在「發展性的自由模型」中，政治參與和其他發展目標之間，沒有絲毫的「不相容性」；所有可欲的目標，皆能被極大化，因而迴避了選擇難題。第三，在「發展性的自由模型」中，政治參與的變動，取決於社會因素和經濟因素，但在這四個模型中，則隱含一個重要假定：政治參與的變動，主要受到政治因素的左右，而在朝精英對於參與及其他發展目標的態度，尤為其中的關鍵所在。

　　值得注意的，按照S. Huntington的說明，這四個模型與「發展性的自由模型」，均是「理念型」（ideal type）。S. Huntington雖然未曾指明「理念型」的意義，但從其文章脈絡似可確定，其所謂

的「理念型」，不是有關真實世界的純粹描述，也不是某類事物共同具有的通性，而是根據真實世界中的某些經驗成分，加以強調並進行邏輯推理，從而建立起來的一種「心智建構」。因此，任何一個參與模型，均非真實世界中某一國家的真實寫照；任何一個國家的政治參與程度的變動，僅是近似某一參與模型。依據S. Huntington的觀點，1950、1960年代的台灣與伊朗，接近「專斷模型」；哥倫比亞與1973年以後的泰國，近似「中產階級模型」；1960年代末期的秘魯，漸從「中產階級模型」轉向「專斷模型」；1950、1960年代的巴西，近似「民粹模型」，但1964年軍事政變促成「參與內破」，從而轉成「技術專家模型」；1960年代、1970年代初期的智利，接近「技術專家模型」，但1973年後則近似「民粹模型」；印度、斯理蘭卡、坦桑尼亞、烏拉圭，一度朝向「民粹模型」，而象牙海岸、肯亞、印尼、佛朗哥統治時期的西班牙，則邁向「技術專家模型」。

總之，依據S. Huntington的見解，在當代多數「發展中國家」，政治參與的擴展或縮減，不論是參與程度，參與型式，還是參與基礎，通常都是政治精英達成其目標的一個手段。因此，政治精英的態度與選擇，乃是決定參與變動的最主要因素。這些政治精英的選擇，雖然互有出入，但上述四種參與模型，足以代表其中的抉擇情況，而能掌握政治參與和其他發展目標之間的互動關係。在引介這些參與模型後，筆者認為下述幾個基本論點，十分值得進一步探究。

第一，S. Huntington一方面臚列各種難以矯正的缺點，痛批「發展性的自由模型」，另一方面則一再強調「在任何時期上的任何社會中」，政治精英的態度與選擇，乃是影響政治參與的「最具決定性的單一因素」或「最強而有力的決定因素」。兩相對照之下，「發

展性的自由模型」中所設定的各種因果關係，似乎完全錯誤而令人不屑一顧，另外四種的參與模型，則似乎屬於健全而適用的「心智建構」。依據筆者的淺見，這樣的對照效果，雖屬合理的闡釋或推理，但是實非S. Huntington的真正論點。誠如S. Huntington所說，在解釋「發展中國家」的參與變動上，政治精英的選擇，確是一個不可忽視的重要因素，尤其它具有「瀑布效果」。所謂「瀑布效果」乃指，當政治精英擇定了諸目標的優先順序和所要採行的手段之後，首先便限定了社會團體的選擇系絡，而左右社會團體訴諸政治參與的代價或收益，隨後則界定了各個個體的選擇系絡，而影響個體從事參與行為的可能性。例如，若政治精英選擇了政治參與的擴展，則無異於鼓勵社會團體訴諸政治行動，進而誘導個體介入政治；反之亦然。這種從上而下的連鎖作用，S. Huntington稱為政治參與的「瀑布效果」（Huntington and Nelson, 1976: 168）。可是，值得注意的，政治精英的選擇，雖然具有「瀑布效果」，而為「最具決定性的單一因素」，但卻屬短期上的作用，而非長期上的效用。在長期上，「發展性的自由模型」中所設定的各個因果關係，雖然有待商榷，但其中的某些關係，卻得到一再的印證，例如社經發展和自主性參與之間的伴隨關係。那麼，長、短時期的界線，究竟如何劃分呢？依據S. Huntington的說明，五年之內，乃屬短期，五年以上，則為長期。總之，於一再精讀之後，筆者認為「在任何時期上的任何社會中」與「最具決定性的單一因素」的說詞，略有誇大之嫌；在S. Huntington的見解中，「發展性的自由模型」雖然有所不足，但其中所設定的社會因素與經濟因素，乃是影響「發展中國家」內政治參與變動的長期因素，五年內最具影響力的因素，則為政治精英的態度與選擇。下文引用S. Huntington也曾講過的言論，而來支持本文這一解讀：

從長遠看來，社經現代化產生參與擴大，但過程既非穩定而一致的，亦非不可逆轉的。

自由模型所假定的這些關係，雖然有待商榷，但不必完全拋棄。

長期上，社會的、經濟的，以及人口的型態變遷，將改變社會中的政治參與的性質……在任何特定五年時期內所發生的變化，只因政治精英改變他們對於政治參與的態度，或因受到一些抱持不同參與態度的政治精英的挑戰，或因抱持不同參與態度的在野精英取代了在朝精英。

對於政治參與的長期擴展趨勢，社會因素與經濟因素的機制，顯著提高我們的理解……孕育政治參與之擴展的經濟力量和社會力量，似是全球性的、長期上不能改變的。然而，短期上參與程度的突然波動，通常就是精英行動的直接結果。（Huntington and Nelson, 1976: 1, 27, 28, 170-1）

　　事實上，本文這一解讀的正確性，可從S. Huntington對於政治參與是否作為一個目標、或一種手段、或一種副產品的獨特分析，得到進一步的驗證。依據他的獨特分析，「發展中國家」的政治參與的擴展，在設想上，可以是甲、乙、丙三種情況的結果。甲情況乃指，政治參與的擴展，就是政治精英、社會團體及一般公民的首要目標；乙情況是指，政治參與的擴展，本是政治精英、社會團體及一般公民用來達成目標的一個手段；丙情況則指，政治參與的擴展，原是政治精英、社會團體及一般公民達成目標的一

種副產品，基本上也就是社經發展的結果（Huntington and Nelson, 1976: 160-8）。然而，在實際上，甲情況絕少發生，乙與丙則屬常見情況。值得注意的，發生丙情況的可能性，遠大於乙情況。S. Huntington指出：

> 政治參與的擴大，較多是社經現代化的副產品，較少是個體、團體，或精英等有意識的首要選擇。

> 一般而言，政治參與本身不可能被當作一個所要追求的目標；有些時候，它被作為一個達成其他目標的手段；但它最可能的呈現方式，乃是形諸一種達成其他目標的副產品。

> 比起精英、團體，或個體將它視作目標或手段之有意選擇的後果來，政治參與的程度、型式及基礎等的變動，更可能是發展的副產品或無意圖的後果。（Huntington and Nelson, 1976: vii, 41, 166）

第二，依據S. Huntington的見解，「發展中國家」的政治精英，在發展的第二個階段上，面臨兩條背道分馳的發展路徑：不是「技術專家模型」就是「民粹模型」。為了經濟發展，政治精英將會選擇「技術專家模型」，壓制低階級的政治參與，從而拉大經濟不平等；為了促進社經平等，政治精英將會選擇「民粹模型」，容許更多的政治參與，並推行所得再分配的政策。這兩種對立的參與模型，本質上蘊含社經平等、社經發展及民主的政治參與等三個發展項目，不可能同時推進，或不可能兼容並蓄。然而，I.

Kabashima指出，二次世界大戰後的日本，雖然正處於S. Huntington
所謂的第二個發展階段上，可是它的發展路徑，非但沒有沿著「技
術專家模型」或「民粹模型」，反而順著一條兼容社經發展、社
經平等及民主的政治參與等三個項目的通路大道。按照I.
Kabashima的說明，促成這三個項目的相輔相成，端在於日本農民
的支持性參與。他指出，二次大戰後，在政治穩定的先決條件下，
高儲蓄率、高勞力品質及技術轉型等因素，促進了日本經濟的快
速成長。自民黨的長期在朝，提供了經濟成長的先決條件。1955
年民主黨與自由黨合併成自民黨後，自民黨就完全掌控著日本政
府。在維持自民黨的這種優勢上，農民與經濟精英扮演著十分重
要的角色；約有71%的農民及75%的經理與行政主管，一直支持著
自民黨並經常從事政治參與，從而使得決策者十分重視他們的需
求。爲了回報農民，除了透過預算系統嘉惠農民之外，仍然繼續
保留其國會議員名額的原先分配與下院選區的劃分，儘管農村人
口已經外移而大幅減少；爲了回饋經濟精英，政府大力推動工業
發展。經濟愈發展，嘉惠農民的津貼愈容易籌措，支持性的政治
參與也就愈強。I. Kabashima指出，這些複雜的各種關係，大體上
構成如下述的「支持性的參與模型」（model of supportive
participation）。

圖四 支持性的參與模型

（摘自Kabashima, 1984: 336）

　　按照這個模型，（農民的）支持性參與愈強，政府愈穩定；政府愈穩定，社經愈發展；社經愈發展，（透過所得再分配的政策）社經就愈平等；社經愈平等，支持性參與就愈強。總之，在第二個發展階段上，日本農民（低階級）的高度政治參與，未如S. Huntington所說削弱了經濟成長的力道！面對這個「異例」，S. Huntington（1987: 21）答說：「日本或許是個特例；在日本之外，低階級的參與、快速成長及經濟平等，能夠相容契合嗎？」誠然，這是十分值得探究的一個重要問題；或許，土地改革成功的台灣，可能是另外一個「異例」。不過，無論如何，我們確知，在S. Huntington所謂的第二個發展階段上，除了難以抉擇的兩種參與模型外，尚有一個S. Huntington或能接受的、近似「發展性的自由模型」的「支持性的參與模型」。事實上，S. Huntington對於四種參與模型的陳述，確有幾個尚待加強之處：1.「中產階級模型」與「專斷模型」的披陳，僅止於少數幾段的文字概述，而乏「模型」的圖示，因而不易精確掌握其中的因果流向；2. S. Huntington 雖然一再力主「政治精英的選擇與態度」的關鍵作用，但在圖示的「技術專家模型」與「民粹模型」中，竟然毫無設定而不見蹤跡；這如何在實際的經驗資料中，按照所示模型，檢證此一關鍵因素的重要作用呢？3. S. Huntington曾經別出心裁，分就目標、手段及副產品，縱論四種參與模型中政治參與程度的多寡變動，但依本文第二節的解析，其所謂的政治參與，既包含合法行為又包括非法行為，因而使得著名的獨到見解，易於淪為他自己所說的泛泛之論：「只在最籠統的意義上，我們才能說及某一社會中政治參與程度的整體增加」（Huntington and Nelson, 1976: 14）。依據本文第二節的分析，對於合法和非法的參與行為，我們實應分開處理，何況非法的參與行為，難以說是在朝精英的目標或手段。

　　第三，在政治研究的領域上，「價值中立」的原則，乃是一個極受重視，並曾引起長期爭論的根本課題。1970年代以後，一些力主「價值中立」的著名政治學家，多多少少都曾公開地略作澄清或稍作修正（參見郭秋永，1998b; Zolo, 1995），但S. Huntington至今依然故我，絲毫未見白紙黑字的更改或釐清。早在1950年代，他就已主張政治學者不必研究「應然問題」，也不該設定任何一個價值立場。他說：「對於人們應該如何行動的探討，不是政治行為研究的關切所在……在不設定一個價值立場之下，社會科學家有系統地研究公民參與的增減。」（Huntington, etal., 1952: 1004, 1015）在1976年的著作中，S. Huntington仍然強調其研究旨趣，不在於熱心的「應然推薦」，而在於冷靜的「實然分析」。例如，他說：「此處的要點，不在推薦其中一條路線，也不在建議任何社會追求其中一個管道（流動或組織管道）而完全排斥另一管道，說明白些，乃在於強調政治參與本身的擴展，密切關連著一些常被視為可欲的其他價值，並釐清個體、團體及政府對於這些價值所做的選擇。」（Huntington and Nelson, 1976: 103）在1991年的著作中，他再次宣揚「價值中立」的原則，甚至「量化地」表白其堅持的強度。他說：「我試圖保持我的分析，盡可能脫離於我的價值；至少，這本書的95%的篇幅，是如此進行……在本書中有五處，我放棄社會科學家的角色，而擔當政治顧問的角色，提出數套『民主人士的行動指南』。」（Huntington, 1991: xv）此處熱心推薦的「行動指南」，乃指S. Huntington樂意充當「政治顧問」，而特為三種民主化過程中的民主人士，分別策畫的各種行動要領，甚至包含「針對保守派採取無情的嚴厲手段，孤立並抹黑那些極端反對改革的分子」之類的狠招（Huntington, 1991: 141）。這些林林總總的行動要領，雖然多達45個項目（Huntington, 1991:

141-2, 149-50, 162-3, 231, 251-3），但P. Schmitter(1993: 351)認為可以濃縮成一句格言：遠離暴力、邁向核心、並準備妥協。可是，如何算出5%或95%的數值呢？自詡為社會科學家的S. Huntington，竟然毫無隻字片語。若按頁數計算，則「民主人士的行動指南」的篇幅，約計11頁，至多只佔全書正文(316頁)的3%；顯然小於所說的5%。或許，95%的數值，只不過強調一種信誓旦旦的不變立場罷了。然而，這個不變立場，暗中略有更動。大體而言，政治學家所謂的「價值中立」，至少包含四個基本論點(參見郭秋永, 1988: 200-377; Sartori, 1987: 4-6)。按照筆者的檢視，S. Huntington歷年來一再宣稱的，則是其中兩個論點：1. 價值語句的真偽證明，完全超出科學研究範圍之外，因此政治科學研究不必探討「應然問題」；2. 在科學研究過程中，政治學者不可引入價值判斷，而在研究報告中，也需排除價值語句或推薦陳述。1950年代以降，S. Huntington一直固持前一論點，但後一論點則稍有更動：從完全不設定任何價值立場，到公開包含少量的價值語句或推薦陳述。在《第三波》一書的序言中，他明白指出：

> 在先前出版的《轉變中社會的政治秩序》一書中，我的分析重點，端在於政治穩定的問題。我撰寫那本書，因為我認為政治秩序乃是一件好事……現在，本書的解析焦點，集中在民主化。我寫本書，因為我相信民主政治是好的。(Huntington, 1991: xv)

誠然，就S. Huntington來說，這一種細微更動，非但無關緊要，反而更能彰顯他本人信守「價值中立」的堅定立場。因為光明磊落地披露出基本的價值判斷，似乎正可完全杜絕「暗中夾帶」特

定價值判斷的可能性。然而，按照筆者淺見，抱持某一價值判斷的坦承，並不等於就已阻絕了該價值判斷的有意或無意地「滲入」研究報告中。何況，一旦懷抱某一價值前提，則該價值與所要蒐集的事實之間，往往構成從上而下的連鎖限定關係，而形成通常所謂的「負載價值的事實」或「負載理論的事實」(value-laden fact or theory-laden fact)(參見郭秋永，1998a)。因此，在坦承「政治秩序乃是一件好事」的價值前提下，S. Huntington很容易蒐得經驗資料，從而推出高度政治參與造成「民主超載」並導致「民主敗象」的結論。P. Bachrach and A. Botwinick (1992: 44-6)則在「民主政治乃是一件好事」的不同價值前提下，分就美國歷史、政府的反應對象、所應課稅的成員等事實根據，論證「民主超載說」的不當，進而導致「需要更多民主」的結語。進一步說，在1968年出版的《轉變中社會的政治秩序》一書的首頁，S. Huntington曾經寫下一個名句：「世界各國間最重要的政治差別，不在於政府形式，而在於統治程度」，從而意指「一個國家究竟穩定還是脫序的差別，遠比一個國家究竟民主還是獨裁的區別，顯得更加重要而富有意義」，進而指出「民主敗象」的困境。19年後，在美國政治學會會長就職演說中，S. Huntington(1988)斷定，「民主政治和政治學一同發展」或「政治學只隨著政治參與的擴展而發展」。在1991年問世的《第三波》一書中，S. Huntington雖然洋洋自得地再次引用《轉變中社會的政治秩序》首頁中的「名句」，但卻依據民主政治密切關連著個人自由、政治穩定與民主政治的緊密關係、擴展民主政治有助於國際和平，以及有益於美國未來等四個理由，強調民主與獨裁之別的重要性，並高唱「民主政治是好的」(Huntington, 1991: xv, 28-30)。顯而易見的，從「政治秩序」遠比「民主政治」更爲重要的判斷，轉爲「政治學和民主政治一同發展」的見解，

參與觀念中，添增「由上而下」的影響作用；亦即將「一般公民影響政府人事或決策的行為」中的「影響」意義，從「由下而上」的單向含意，轉成「由下而上」與「由上而下」的雙向含意。這種轉折與添增，不但使得研究者能夠排除知識上的固有障礙，而且開拓了嶄新的研究領域；其中蘊含的深遠意義，不言而喻。

第二，在建立政治參與的綜合指標上，S. Huntington的主張，雖然擲地有聲，但顯然陷入一個進退維谷的困境中：他一方面認為六個參與型式「同具特定性質」，而足以共同隸屬於「政治參與」這個總稱之下，因而大可論及某一國家的「整體參與」，另一方面卻斷定研究者不能將六個參與型式各自測得的各個數值，加總成為一個代表「整體參與」的綜合指標，因而只許個別討論某一參與型式的程度，至多「在最籠統的意義」上才能泛談整體參與程度的變化。依據筆者的淺見，六個參與型式的數值變化，是否源自相似的原因、是否呈現出相同的變化、是否促成相近的結果，誠屬建立綜合指標的考慮基準，但「同具特定性質」也是一個值得斟酌的標準。換而言之，為了解決S. Huntington的困境，筆者認為下述權宜辦法，也許不失為退而求其次的可行方法：暫時先將暴力參與型式另作處理、或者先行區分「慣常性」和「非慣常性」兩類參與行為、或者先行區別「合法性」和「非法性」兩類參與行為，然後再依S. Verba等學者的建構方式，進行參與型式的印證和綜合指標的建立。

第三，在自主性參與和動員性參與的分辨上，S. Huntington的解析，固然振振有詞，但也引出政治研究領域中一個尚待努力的根本課題：政治學者對於區分光譜式性質（例如自主性）的理解能力，遠落後於我們對於該區分的建構能力。

第四，在當代「發展中國家」內，政治參與的數量或型式的

第五章

邏輯實證論與民主理論：
驗證問題的探討

一、引言

政治哲學素為整個政治研究領域中不可或缺的基礎學問，但在1950、1960年代，竟然一蹶不振，而乏人問津。P. Laslett曾在一本政治哲學選輯的導言中，傷感地評說：「無論如何，就目前而言，政治哲學已經壽終正寢。」(1956: vii) 34年後，B. Barry(1990: xxxii)回顧說，該選輯所蒐集的文章內容，事實上早已證實了這個令人沮喪的評估。曾經漠視政治哲學的行為主義(behavioralism)健將R. Dahl則津津樂道，政治哲學「在英語系國家中已經死亡，在共產國家中業被監禁，而在別處則氣息奄奄。」(1968: 62)顯然的，不論傷感者或是慶幸者，都一致肯定，政治哲學已在1950、1960年代消逝無蹤，至少瀕臨滅絕。造成這種情況的因素，固然是多方面的，但若只就方法論而言，則邏輯實證論(logical positivism or logical empiricism)的衝擊，乃是一個十分重要的原因。

然而，1970年代以後，政治哲學的研究狀況，似乎逐漸逆轉，

終至煥然一新。不但獻身於政治哲學研究的人才輩出,而且有關政治哲學的學術期刊、專著、叢書及學術交流,皆在1970年代之後,穩定成長茁壯,時至今日,幾乎可說是蔚為風尚(Ceaser, 1990: 114; Richter, 1980: 13-15)。進一步說,那曾導致政治哲學式微的邏輯實證論,在政治哲學復甦時,早已不是當代哲學界中的顯學了,而其所支持的行為主義,也已轉為「後行為主義」(post-behaviorism)。

誠然,促成政治哲學「起死回生」的因素,也是多方面的,但若僅就方法論而言,則它的復興,是否意謂它已經理直氣壯地反駁了邏輯實證論的批評?或者,它的再起,如同「後行為主義」取代行為主義一樣,只是代表一種力圖扣緊時代重要問題的知識傾向或心態而已(Easton, 1971: 333, 348; Cribb, 1991: 34)?若屬前者,則政治哲學的蓬勃生機,勢將長青,而如B. Williams(1980: 57)所說:「顯然的,預期的葬禮,業已無限延期。」若為後者,則將形同R. Plant(1991: 20)所言,當邏輯實證論衰微時,它的某些論點,尤其是「事實與價值的區別,以及倫理學上的反自然主義(anti-naturalism)」兩個見解,依然活力十足,從而仍在政治哲學領域中占據舉足輕重的地位。

在上述兩種看法中,依據筆者的淺見,R. Plant的見解,方屬正確,惜乏適當佐證。二千多年前,韓非子就已指出:「無參驗而必之者,愚也。弗能必而據之者,誣也。」(《韓非子‧顯學篇》)在當代政治哲學研究領域中,R. Plant的此種言詞,誠屬少數意見,若再缺乏強有力的說明與證據,則有淪為空妄言論之虞。事實上,長期以來,政治理論或最佳政治系統的驗證(justification)[1],即是

1　在英語中,類似的字彙,可以說是形形色色,不易區別,例如vindication,

政治學家與政治理論家的主要課題（Sartori, 1987: 267; 1962: 158）。有鑒於此，本章試圖針對此一重要課題，分就邏輯實證論與政治哲學，提出進一步的分析，並運用政治哲學復甦後的一個民主理論，作為一個代表性的例證。本章的分析，將從下述三個主要部分逐一進行：第一，邏輯實證論與政治哲學；第二，驗證與理論建構；第三，民主政治的參與理論。

二、邏輯實證論與政治哲學

自古希臘以降，西洋政治哲學的研討，大體上關切諸如下述的一些問題：究竟什麼是正義、或自由、或平等呢？多數人的道德觀應當凌駕在少數人之上嗎？什麼是最佳政府體制呢？國家的目的何在呢？如何辨明政治制度的道德基礎呢？一個國家應否基於道德理由去干涉他國事務呢？概括而言，這些不盡相同的問題，基本上涉及「對」（the right）與「好」（the good），從而屬於道德哲學或倫理學的課題。依據西方的知識傳統，歷來的政治哲學家幾乎皆肯定，他們能夠運用理性而客觀的方式，答覆這類的問題（參見郭秋永，1981: 1-4; Plant, 1991: 1-2）。在這樣的肯定之下，政治哲學家一方面建構各自的理論體系而展示出個別推得的真正解答，另一方面則斷然拒斥道德或倫理上純屬個人偏好的見解。因此，在西方的知識傳統中，政治哲學向來就被視為一門具有堅強認知基礎的學科。

---

attestation, confirmation, proof, defence, corroboration, demonstration, verification, validation, warrant, certification等等。在中文裏，"justification" 的翻譯，約略計有證明、驗證、證成、保證、衡判、印證及辯解等，也是各色各樣。希望本文所選的譯名（「驗證」），不致引起激烈的爭議。

當然，不同理論體系各對同樣的倫理課題，分別提出「真正而唯一的」解答的情況，足以動搖一向號稱堅強的認知基礎，何況不同的理論體系，通常奠基在互異的「認識論假定」之上，例如有關理性、直覺、經驗及啓示等的假定。因此，長久以來，他們雖然各具「自成一家之言」的美譽，但在不盡相同的認識論假定與各色各樣的真正答案之下，卻容易引起「只不過是各持一端」的質疑。直到本世紀，這種或顯或隱的長期性質疑，終於在邏輯實證論的推波助瀾之下，轉成十分激烈的抨擊，從而導致政治哲學的式微。

邏輯實證論興起於1930年代左右，主要成員之間的基本主張，或多或少有些差別，但下述兩個相互關連的論點，則爲他們的共同見解：第一，價值語句僅具情緒作用而無真僞可言，第二，單從綜合述句推論不出價值語句。前一個共同見解，可藉下述諸例加以說明：

A）單身漢是沒有配偶的男子
B）單身漢是年輕人
C）單身漢應該結婚
D）單身漢是壞蛋

語句A，乃是一種具有認知意義的分析述句（analytic statement）[2]。若且唯若一個語句的效力，端賴所含符號的意義，則

2　在本章中，「語句」（sentence）是指表達完整思想的一組語言，包含直述句、疑問句、祈使句及感嘆句等。「述句」（statement）係指具有真僞可言的語句。「判斷」（judgement）則指一種認識活動。

該語句便是分析述句。分析述句未對經驗作任何斷言，獨立在經驗之外而缺乏事實內容；既不能藉經驗來加以印證、也不能藉經驗來予以駁斥，只靠符號意義的分析，就能確定它的真偽。由於它容納或排斥所有可能的情況，因而它的真偽，乃是必然的真偽，違反它便陷於自我矛盾。這就是說，它在任何可能的情況下，皆為真或偽。例如，若要確定語句A的真偽，則只要知道「單身漢」、「沒有配偶」及「是」等的意義就可，不用實地考察所有單身漢是否都為沒有配偶的男子。進一步說，如果不是「沒有配偶的男子」，就不會稱之為單身漢，因此在任何情況下，語句A必然為真。同理，「無一單身漢是沒有配偶的男子」，則為必然偽的分析述句；它也獨立在經驗之外，只藉字彙意義的分析，便可斷定它為偽。

語句B，乃是一種具有認知意義的綜合述句（synthetic statement）。若且唯若一個語句的效力，在原則上係受經驗所決定，則該語句便為綜合述句。由於綜合述句涉及經驗世界，因此，除了知道字彙的意義外，還須藉經驗的考察，才能確定它的真偽。因為它述及經驗世界，從而容納某些情況又排斥另外一些情況，所以綜合述句的真偽，僅是適然的（contingent）真偽。例如，語句B的真偽，不能僅靠符號的意義來加以確定，否定語句B，只不過得到另外一個綜合述句（「無一單身漢是年輕人」），而不會陷於自我矛盾。進一步說，語句B容納了某些情況（單身漢是年輕人），又排斥了另外一些情況（無一單身漢是年輕人），而提供一些特定的訊息，因此，它的真偽乃是適然的真偽。這就是說，如果它是真的，則只是事實真，而不是必然真；如果它是偽的，則僅是事實偽，而不是必然偽；其真偽的範圍，介於必然性於不可能性之間。

語句C與D，乃是一種不具認知意義的價值語句（value

sentence）。價值語句不是用來指派字彙的意義，也非用來澄清語言的意義。不能憑藉它所含的符號意義，例如語句C中「單身漢」、「應該」及「結婚」的意義，而來斷定它的真偽。否定價值語句，例如否定語句C或D（「單身漢不應該結婚」或「單身漢是仁者」），並不會陷入自我矛盾。進一步說，價值語句中的價值語詞，例如「應該」或「壞蛋」，並不指涉特定對象或物理過程，也非可見、可聞、可觸、或可摸的性質，而無經驗內容。就諸如語句C形式的價值語句而言，若張三說出「單身漢應該結婚」，則其效果完全等同於張三用敦勸語調說出「單身漢結婚」。價值語詞（「應該」）的出現，並未添加任何事實內容。就諸如語句D形式的價值語句而言，它的語句形式，雖然跟綜合述句同具直述形式（declarative form），但其價值語詞（「壞蛋」）乃用來表達一種情緒而已；徒有概念的外形，並無事實內容，而為一種虛擬概念（pseudo-concept）。

　　總而言之，依據邏輯實證論，一個認知上有意義的語句，只有兩種：其一為分析述句，另一則為綜合述句；前者所具有的認知意義，屬於邏輯意義，而後者所具有的認知意義，則為經驗意義。價值語句不是分析述句，也不是綜合述句，因而既不能靠符號意義的分析、來確定它們的真偽，又不能藉經驗的考察、來斷定它們的真偽；探究它們的真偽，徒屬枉然。價值語句只是用來表達說者的情緒，進而引起聽者的情緒而已。A. Ayer曾經指出：「它們是純粹的情緒表示，因而不可歸入真偽的類別中。由於不是真正的命題，所以它們是不可檢證的，正如呻吟或命令一樣。」（1946: 109）

　　假使價值語句果真只是用來吐露或引發情緒，那麼，歷來政治哲學家所建構的理論體系、所推薦的最佳政府體制，以及所珍

視的權利義務等等，不是就會因為包含某些價值原則而頓失憑藉，甚至淪為政治哲學家自身的私人偏好嗎？

邏輯實證論者雖然從未直接論及政治研究，但其價值語句僅具有情緒作用而無真偽可言的見解，卻在1950、1960年代左右，廣被政治學界中的行為主義者(behavioralist)，奉為研究工作的圭臬。著名政治學者D. Easton(1971: 221)甚至指出該一見解實為支撐整個社會科學的柱石：

> 為了避免任何可能引起的懷疑，我必須詳述我的工作假定……這個工作假定，正是今日社會科學界普遍採行的假定；它指出，價值在終極上可被化約成情緒反應……價值與事實於邏輯上是異質的。一個命題的事實面相，指涉真實世界中的一個部分，因而可藉事實來加以檢定……一個命題的道德面相，只是傳達個體對於真正事態或推想事態的情緒反應……我們雖然能以真或偽談論一命題的事實面相，但以這種方式來表現一命題之價值面相的特點，乃是毫無意義。

大體而言，價值判斷或價值語句，約可分為廣義與狹義兩種，而行為主義者所謂的價值判斷，則泛指廣義的價值判斷。狹義的價值判斷，乃在陳述某種對象或事態是好的或壞的、美的或醜的、可欲的或不可欲的，以及是否較可偏好的。廣義的價值判斷則包含狹義的價值判斷與道德判斷(或倫理判斷、或規範判斷、或應然判斷)。道德判斷指某一個或某一種行動之對錯或公道與否的斷言，或指人們有義務去採取或不採取某種行動的斷言(Oppenheim, 1968: 8-9)。在行為主義者看來，歷來政治哲學的討論焦點，既然

集中在「對」(the right)與「好」(the good)的道德判斷,而以推薦特定價值爲其特徵,那麼長久以來的多數論著,基本上便缺乏認知意義,而淪爲純屬私人的「偏好表白」(expression of preference),甚至是徒然造成一長串的「錯誤的紀錄」(records of mistakes)罷了(Richer, 1980: 6)。就在這樣的見解下,1950、1960年代的行爲主義者方才大力驅除「學科中的價值鬼魅」(Bowen & Balch, 1981: 5),進而自信滿滿地宣布政治哲學的死訊。

事實上,不論在哲學界或在政治學界,邏輯實證的基本見解,曾經引起熱烈的討論,從而顯現出仍有商榷的餘地。除了如何明確判定述句之經驗意義的爭論外[3],大體上尚有兩種質疑。第一種質疑是,除了情緒作用外,價值判斷毫無其他意義嗎?爲了肯定並闡釋價值判斷的「其他意義」,S. Stevenson提出「修正的情緒說」(modified emotivism),R. Hare則提議「規約說」(prescriptivism)。依據「修正的情緒說」,價值字彙或價值判斷,不但具有誘導、推薦、贊許等情緒意義,而且隱含著涉及經驗世界的描述意義,例如「民主政治」這一價值字彙或「我們應該實行民主政治」這一價值語句,在本世紀中既具贊許的情緒意義、又含多數決的描述意義。然而,儘管價值字彙或價值判斷含有情緒意義與描述意義,但在價值問題的討論中,情緒意義卻扮演「居優角色」。這就是說,價值問題的討論,基本上是用來創造影響力,而非表達事實(詳見郭秋永,1988: 208-216)。按照「規約說」,價值字彙或價值判斷乃是用來贊許、忠告,或勸導特定的評價標準,而在價值問題的討論中,特定的評價標準通常涉及某種事實特徵,從而附加了描

3　此即有關「檢證原則」(verification principle)的爭論,參見郭秋永,1988: 257-259。

述意義。因此，除了具有如同情緒意義的「規約意義」之外，價值字彙或價值判斷還隱含有描述意義。可是，它們雖然具有兩種意義，但在包含「好的」或「應該做的」等字彙的價值判斷中，規約意義佔據主要地位，描述意義則屬次要的。這即是說，在價值問題的討論中，所含的規約意義通常保持不變，但將會指明的特定事實特徵或描述意義，則可能單獨地產生變動(詳見郭秋永，1988: 216-224)。

由此看來，邏輯實證論者實際上可以接受「修正的情緒說」與「規約說」，而不必更改其立場，至多只是刪除「情緒作用」的說詞，而將「價值語句僅具情緒作用而無真偽可言」，修改成「價值語句無真偽可言」罷了。因為依據「修正的情緒說」或「規約說」，價值判斷乃用來影響他人態度，或用來引導評價標準的選擇，而非在於肯定或否定事實的實況。即使價值判斷包含情緒意義(或規約意義)與描述意義，但不是情緒意義扮演「居優角色」、就是規約意義佔據「主要地位」；情緒意義與描述意義之間並無衍遞關係，接受其中一個意義而拒斥另一個意義，並不違犯任何邏輯謬誤。例如，若「我們應該實行民主政治」這一價值語句，包含贊許的情緒意義(或規約意義)與多數決的描述意義，則當贊許民主政治時，我們可以另行堅持兩黨競爭(而非多數決)乃是民主政治的描述意義；當接受多數決乃為民主政治的描述意義時，我們仍可如同許多傳統政治學家一樣不贊許民主政治。

假使上述分析正確無誤，那麼時至今日，價值語句毫無真偽可言的見解，實際上仍是經驗政治研究的基石。換句話說，在第一種質疑的嚴格責問之下，邏輯實證論仍能維持其基本見解，而奠基在此一見解之上的「行為主義」，雖在1970年代左右轉為「後行為主義」，但其認識論依然屹立不搖而繼續支配著政治現象的經

驗研究(Cribb, 1991: 26-34)。至少，我們可以說，在1970年代以後，儘管多數學者逐漸相信價值判斷與經驗判斷（或價值語句與綜合述句、或價值與事實、或應然與實然）之間可能具有某種關係，例如J. Pennock(1977: xvii)認為價值語句與綜合述句「不是永遠分隔地截然割斷」，再如G. Sartori(1987: 13)以為應然與實然「並未在兩條永不相交的平行道路上各自前進」，但他們卻不能明確指出這種可能存在的關係究竟是什麼關係，從而使得他們的信念，顯得搖擺不定而令人嘆息。至於某些政治學者的宣示性空談，例如「事實與價值之間的關係，在種類上，無異於一件事實與其他事實之間時常存在的關係」(Graham, 1986: 10)之類的口號，就不值得一晒了。值得特別指出的，在陳述價值判斷與事實判斷之間具有某種關係後，G. Sartori(1962: 167; 1987: 270)曾經坦承說：「即使我們不贊成價值的情緒說，但價值語句無認知地位，依然是一件明白的真理。」簡言之，時至今日，我們仍可肯定說，價值語句無真偽可言的見解，依然或顯或隱地影響著政治現象的整個經驗研究領域。

自邏輯實證論者看來，價值語句既無真偽可言，則植基在自由、平等或正義等價值之上的各種理論體系，當然只是「私人偏好的表白」或「虛擬概念的堆砌」。邏輯實證論這一意含，引起了另一種質疑：歷來的各種政治理論體系，果真奠基在價值原則之上？質疑者指出，某些政治哲學家所建立的理論體系，乃植基在事實前提上，而非奠基於價值原則，例如J.S. Mill的理論體系，乃根據人類追求快樂的「人性事實」，而來從事理論建構，因此絕非「私人偏好的表白」。然而，縱使邏輯實證論者接受質疑者的說詞，亦即縱然同意一些諸如「人類追求快樂」的語句，乃是原則上可以檢證的綜合述句，而具有經驗性的認知意義，但他們仍然

可以訴諸其第二個共同見解，而保持他們非難政治哲學的立場。

他們的第二個共同見解，就是著名的「休氏障礙」（Hume's Hurdle）或「休氏刀叉」（Hume's Fork）或「休氏鐵則」（Hume's Law）：單從事實述句（或綜合述句、或經驗述句、或事實、或實然）推論不出價值語句（或道德語句、或規範語句、或倫理語句、或價值、或應然）（Simon, 1952: 495; Oppenheim, 1973: 63; Hare, 1963: 108; Plant, 1991: 11）[4]。根據這個見解，任何試從普遍成立的人性事實或其他事實述句演繹推論出價值結論，以資奠定其價值語句的必然性，或展示其理論體系的優越性，概為緣木求魚之舉。

總而言之，歷來的政治哲學家大都認為其理論體系，乃奠定在某種具有堅強認知基礎的價值原則上，因此足以答覆「對錯好壞」的基本道德課題，並且可以導出最佳的政府體制。然而，邏輯實證論中的兩個共同見解，亦即「價值語句無真偽可言」與「休氏鐵則」，卻使得歷來的各種理論體系，陷入難以自圓其說的困境。R. Plant（1991: 323）就曾指出，價值與事實之間的區別，使得政治哲學著作中的論證，成為十分可疑；這種區別的作用，即使在邏輯實證論衰微之後，依然持續不墜。

三、驗證與理論建構

A. Murray（1966: 222）曾經指出，假使要用少數幾個字彙描述

4　晚近以來，這個「休氏鐵則」遭受一些學者的挑戰。這些學者的主張，雖然互有出入，但皆認為事實述句與價值語句之間，具有某種不可分離的關係，因而可從事實前提推論出價值結論。筆者認為這些學者的論點，雖然十分精巧，甚至訴諸休謨本人的著作，但尚不足以駁斥「休氏鐵則」（參見本書第二章；詳見郭秋永，1988:280-311）。

政治哲學的基本目標，那麼「政府理論的驗證」乃是十分貼切的語詞。然而，一旦價值語句無真偽可言，並且單從事實前提推論不出價值結論，那麼包含價值語詞或語句的理論體系，就「永遠無法科學地驗證」嗎？(Richter, 1980: 22)

依據邏輯實證論，假設建立或理論建構的科學活動，可以區分為二：其一為發現系絡(context of discovery)，另一為驗證系絡(context of justification)。這就是說，當研究者構成一個或一組述句後，我們可以提出兩種不同的問題：

1. 如何想出這種述句？
2. 支持這種述句的理由是什麼？

前一課題所涉及的範圍，乃屬「發現系絡」，基本上關切研究者如何獲得良好述句。後一課題所涵蓋的範圍，乃屬「驗證系絡」，主要上關切述句的保留或拒斥。在「發現系絡」中，研究者如何獲得良好述句，幾無定則可尋；它可能來自上帝的啟示、或別人的沈思結晶、或個人的偶現靈感等等。在「驗證系絡」中，支持述句的理由，端在於經驗檢定與邏輯考驗。邏輯實證論者區別這兩種系絡的主要目的，乃在將述句的產生活動或發現活動，排除在研究範圍之外，從而將其注意焦點，集中在研究成果或理論成品的評估活動上(Bowen & Balch，1981: 5-6)。

任何研究成果或理論成品基本上皆由述句所組成，因此，假設或理論的驗證，就是一個或一組述句的驗證。一個述句的驗證，包含一個論證(argument)。一個論證是由一個以上的述句所構成；它包括一個結論與支持結論的證據。所要驗證的述句，即是論證中的結論，而當作證據的一個或多個述句，則是論證中的前

提。如此說來，一個驗證至少涉及兩個層面：前提的真僞與邏輯的正確性。若諸前提爲真，並且諸前提與結論之間具有適當的邏輯關係，則諸前提支持結論，或諸前提提供良好根據（good grounds）去接受結論。當前提中的一個或多個述句爲僞時，就不足以當作支持結論的證據，從而缺乏良好根據去接受結論。即使諸前提皆爲真時，它們與結論之間，依然可能缺乏適當的邏輯關係，而不能當作支持結論的證據。不論諸前提中一個以上的述句爲妄，或是諸前提與結論之間缺乏適當關係，皆可使得一個驗證失去效力。然而，一個失效的驗證，雖對其結論不能提供良好證據，但未必就可判定結論爲妄。因爲特定一個驗證無法奏效時，可能尙有某一可以發揮效力的別個驗證，能對同一論證提供良好證據。誠然，「令人信服」乃是論證的一個重要功能，但邏輯不正確的論證，有時也能取信於人，而邏輯上無瑕疵的論證，有時則不易被人接受。

　　一個驗證既然涉及述句的真僞與邏輯的正確性，則驗證的問題，就只能根據「觀察、實驗及論證」來加以答覆（Salmon, 1963: 11）。這就是說，在可檢定的假設或經驗理論的驗證中，可能包含的述句，乃是具有經驗意義的綜合述句、邏輯意義的分析述句、以及諸述句間的邏輯推演關係，但絕不包括價值語句在內。因此，排除價值語句，乃是理論建構（theory construction）的一個原則。誠然，對於「經驗理論」的意義，邏輯實證論者之間互有不盡相同的界定方式，因而所提議之經驗理論的建構原則或策略，也未必完全一致。唯價值語句不具真僞可言，乃是其共同見解之一，價值語句的排除，自然就成爲他們在理論建構上共同接受的一個原則。

　　由上述可知，排除價值語句乃是邏輯實證論的理論建構的一

個原則,而其對假設或理論的驗證,則主張訴諸「觀察、實驗及論證」。由於論證基本上包含演繹與歸納兩種,而演繹論證具有必然性(亦即,若所有前提皆為真,則結論必定為真),因此,某些傳統政治學者試圖運用演繹論證,建構一個包含某些價值語句的、確定無疑的理論體系。就邏輯實證論者看來,這是注定落空的企圖。概括而言,某些傳統政治哲學家試圖透過演繹論證建構出理論體系的方式,基本上有兩種。其中之一為「實踐三段論」或「混合三段論」(practical or mixed syllogism),另外之一則為「笛氏程序」(Cartesian procedure)(Hare, 1990: 38-46; Rawls, 1972: 578; Salmon, 1963: 16)。所謂「實踐三段論」的建構策略,約可概述如下:依據演繹規則(亦即,諸前提所未曾明示或暗示的事物,不得出現在結論中),單從事實前提不得推論出價值結論,然而,若前提中含有價值語句,而結論中也含有價值語句,則這種推演並不違反演繹規則;一旦進行了這種演繹論證,則該結論中的價值語句,又可當作另一個演繹論證中的前提,再進行論證,以推出另一個含有價值語句的結論,如此一再重複相同步驟,循序進行層層推演,終而構成一套環環相扣的理論體系。每一環扣上的基本論證形式,即是「實踐三段論」。例如下述論證:

A) 凡能使每人平等追求最大自由的政府體制,就是好的政府體制

B) 民主政治乃是能使每人平等追求最大自由的政府體制

C) 因此民主政治乃是好的政府體制

大前提與結論皆為價值語句,小前提則為事實述句;結論所陳述的意義,隱含在前提中。當詰問上述論證中的大前提時,則

可運用相同論證形式，訴諸較高層次的大前提以推論出它。同理，當探究此一較高層次的大前提時，仍可運用同樣論證形式，訴諸更高層次的大前提以推論出它。如此一直繼續下去，最後終止於一個終極的價值語句上。在這樣的系統中，終極價值語句乃是各種層級的價值語句的基礎；訴諸較高層次的價值語句，可以支持較低層次的價值語句，訴諸更高層次的價值語句，可以支持較高層次的語句；從高而低，每一層次之「實踐三段論」中的結論，乃是下一層次論證中的大前提，由低而高，每一「實踐三段論」中的大前提，即是上一層次論證中的結論。然而，自邏輯實證論者看來，即使能夠完成上述的理論建構，但由於它包含各種無真偽可言的價值語句，因此依然不具認知地位，至多只不過是有組織地陳述建構者的價值偏好罷了(Oppenheim, 1968: 31-35)。

　　對試圖運用「笛氏程序」的學者而言，一序列連鎖的「實踐三段論」，雖然不足以構成一套具有認知意義的理論體系，但是可從一個或幾個不證自明的原則(self-evident principle)，演繹出各種價值語句，藉以構成一個必然為真的體系。依據這些學者的想法，此種理論體系的建構，如同幾何系統的建立。首先，悟出一個或幾個不待推而知的自明原則，例如「趨善避惡」；這種自明原則被視為如同幾何系統中的「公理」(axiom)。其次，以自明原則為基點，透過一連串的演繹論證後，推演出各種價值語句，例如「不應殺人」之類的語句，如從公理推出各種「定理」(theorem)一樣。然而，自邏輯實證論者看來，姑且不論其類比為幾何系統的適當性，這種自明原則的理論建構，至少由於下述兩個理由而難以奏效。第一，「不證自明」的意義，含混不清而不易理解。一個語句或一種行為原則如何成為不證自明呢？假使這意指它是不可能拒斥的，或一旦拒斥則陷入自我矛盾中，那麼它是分析的：僅具邏

則爲假設驗證(hypothetical justification)；因此，驗證的形式，依賴在道德語句的邏輯地位之上。再如，D. Miller(1983: 151)以爲驗證可依「目的與手段」的關係，而分成工具性的驗證(instrumental justification)與內在驗證(intrinsic justification)。又如，E. Meehan(1991: 142-146)指出，驗證即是去辯護特定偏好，但在「規範學科」未發展出知識之前，並無可資應用的適當判準(criterion of adequacy)。其他研究領域內的學者，也以不盡相同的意義，使用「驗證」一詞，或指「提供理由」(Held, 1975-6: 1)，或指「提出證據、邏輯關係及基本道德規則」(Mayberry, 1968: 207)，或指「知識宣稱的正當化」與「行動正當化」(Feigl, 1971: 674)。實際上，F. D'agostino(1991)與G. Gaus(1986; 1990)兩位學者曾對當代政治哲學著作中的驗證意義及其方式，進行有系統的檢視，因此，我們或可憑藉他們所獲致的某些結論作爲背景，詳述政治哲學「起死回生」後所從事的驗證工作。

依據這兩位學者的見解，驗證或公共驗證(public justification)乃是政治理論中最爲重要的觀念，因爲不論其設定了何種政治安排，或擬定了何種社會關係，基本上都在要求眾人的接受。他們所說的公共驗證，乃是依據下述方式來界定：

> 為求簡化，設一社群只由甲與乙兩位理性行為者組成，並設有一提議A，建議甲與乙兩人的社會關係，要藉某些規則來加以規定。若且唯若甲與乙兩人皆被賦予一個接受A的理由，則提議A能被公共地驗證。所謂賦予甲或乙一個接受A的理由而來驗證A，意指在可供選取之各種相干提議中，賦予甲或乙一個「決定性偏愛A」的理由(D'agostino, 1991: 390)。

上述公共驗證的性質，可以依據數量或動機的差異，區分成四個類別。若所提供的理由，只有「一個」理由R，而R是甲與乙兩人共同接受的，則為「共識式的驗證」(consensual justification)；若賦予甲的一個理由為Ra，賦予乙的一個理由為Rb，而Ra未必就是Rb，則為「分配式的驗證」(distributive justification)。若賦予一位行為者接受提議A的理由R，乃是有關可以促成其欲望之滿足的理由，則為「意志式的驗證」(volitional justification)；若理由R乃是有關於對應經驗世界之信念的真偽，則為「認知式的驗證」(cognitive justification)。

F. D'agostino認為，依據這四種類別，可以檢視當代政治哲學著作中公共驗證的四種模型：交易模型(bargaining model)、反思模型(model of reflective deliberation)、旁觀模型(model of sympathetic reflection of the ideal spectator theorists)，以及交談模型(conversational model)[5]。交易模型的基本概念，係指參與公共驗證的每一位行為者，知道社會互動的某些原則，而一旦接受這些原則，便可促進個體欲望的實現。例如，就甲而言，由於接受這些原則，將會促成甲之偏好的滿足，就乙而言，一旦接受這些原則，也會促成乙之偏好的滿足。因此，交易模型的公共驗證，乃是分配式的、意志式的，而非共識式的、認知式的。反思模型的基本觀念，乃指參與公共驗證的每一位行為者，明瞭他們原已共享的信念，此種信念指示他們服膺社會互動的某些原則；去向某人驗證特定概念，即是向他證明其原則乃來自雙方皆接受的前

5　下文將要引述的四種模型，完全依據F. D' Agostino(1991)。自作者看來，這四種模型值得進一步的討論與比較，但這非本文的目的，只能留待未來的研究。F. D' Agostino的說明，雖然失諸粗陋，但似乎仍可充作本文評述的背景知識。

提。此一模型的公共驗證，乃是共識式的、認知式的，而非分配
式的、意志式的。旁觀模型的基本概念，係指參與公共驗證的每
一位行為者，接受了社會互動的某些原則，將會促進某些「行為
者中立的」（agent-neutral）的欲望，而這些欲望乃是他們確實分享
或應該分享的。這個模型的公共驗證，乃是共識式的、意志式的，
而非分配式的、認知式的。交談模型的基本觀念，乃指參與公共
驗證的每一位行為者具有某些信念（或許是不盡相同的信念），這
些信念指示行為者接受社會互動的某些原則。此一模型的公共驗
證，乃是分配式的、認知式的，而非共識式的、意志式的。

　　進一步說，在公共驗證的上述界定中，也可根據是否超越個
體的性質，而將之區分成「實效的驗證」（pragmatic justification）
與「超越驗證」（transcendental justification）。若賦予行為者甲與
乙的理由，乃是他們在實際上各自早已相信或欲求之事，則已為
甲與乙接受提議A，進行了「實效的驗證」。當行為者甲與乙，各
有理想化的或抽象化的代理人丙與丁時，若賦予代理人丙與丁一
個接受提議A的理由，則已為甲與乙接受提議A，進行了「超越的
驗證」。若以這兩種驗證類型，檢視當代政治理論中公共驗證的四
種模型，則交易模型、交談模型及反思模型的驗證，乃是實效的，
而旁觀模型的驗證，則為超越的。

　　再進一步說，在公共驗證的上述界定中，又可根據是否化約
的性質，而將之區分成「化約的公共驗證」（reductively public
justification）與「非化約的公共驗證」（non-reductively public
justification）。當提議A是一種政治倫理提議（a ethico-political
proposal），而所予理由本身不具倫理性質時，其驗證乃是「化約
的公共驗證」；若所予理由本身具有倫理性質，則為「非化約的公
共驗證」。依F. D'agostino之見，交易模型的驗證，乃是化約的，

而反思模型與旁觀模型的驗證，則爲非化約的。

更進一步說，在公共驗證的上述界定中，還可根據倫理學上的不同論點，而將之區分爲「目的論的驗證」（teleological justification）與「本務論的驗證」（deontological justification）。若指明會有某種有價值的事態S，而經由提議A的接受，將極大化S的實現，則提議A就被「目的論地」驗證。這種公共驗證訴諸有價值事態的極大化，參與驗證的個體，基本上乃是「目標追求者」（goal-seekers）。依F. D'agostino(1990: 410)之見，目的論的驗證，乃是意志式的，而非認知式的，但究竟是共識式的或是分配式的，則迄今尚乏合理的解析。當特定環境引起了去接受諸如提議A的需求時，藉指明提議A的接受，乃是該環境中所產生之服膺（commitments）的最佳表示，則提議A便被「本務論地」驗證。參與這種驗證的個體，基本上乃是「服膺尊敬者」（commitment-honourer）。依F. D'agostino(1991: 409)之見，本務論的驗證，契合反思模型，乃是共識式的、認知式的，而非分配式的、意志式的。

我們或可將上述公共驗證的模型及其性質，概述在表二（見下頁）。

上文的引述，或嫌籠統，但我們至少可以從中掌握到當代政治哲學著作中公共驗證的兩個特點。**第一，去驗證特定的政治安排、道德原則、或提議，乃在提供一個以上的接受理由**。這種理由雖然有別於「你也應該如此贊許」之類的誘導性說詞，而號稱爲「決定性的偏好理由」或「良好理由」（good reason）（Gaus, 1986: 256; 1990: 16），但卻缺乏「接受理由的規則」。因此，公共驗證的性質不但包含各持一端的「分配式的驗證」，並且易於產生「薄弱的公共驗證」（weakly public justification），從而使得「良好理由」帶有十分濃厚的任意性。所謂「薄弱的公共驗證」是指，若賦予

一位或多位行為者一個接受提議A的理由，而該位行為者或這些
行為者在發現他人接受A的理由後，便不接受A，那麼，在他們瞭

表二　公共驗證的模型及其性質

模型	共識式的或分配式的	意志式的或認知式的	實效的或超越的	化約的或非化約的
交易模型	分配式的	意志式的	實效的	化約的
反思模型*	共識式的	認知式的	實效的	非化約的
旁觀模型	共識式的	意志式的	超越的	非化約的
交談模型	分配式的	認知式的	實效的	—**

* 本務論的驗證，契合反思模型。
** F. D'agostino（1991）並未提及。

解別人接受的理由之前的公共驗證，就是「薄弱的公共驗證」。例
如，設甲與乙兩人分別致力於促進某種「好」（the good）的概念Ga
與Gb，而採取A皆可促進Ga與Gb。再設甲不喜好Gb，其不喜好的
程度，甚至強過他喜好Ga。當甲不知道乙基於Gb而接受A之時，
甲與乙各以Ga與Gb的理由接受提議A，提議A便被薄弱地公共驗
證。一旦甲知曉乙基於Gb而接受A之後，甲就會拒斥A（D' agostino,
1991; 403-404）。反觀邏輯實證論，其所謂的驗證，乃在於「觀察、
實驗及論證」，從而使得假設或理論之支持證據的接受，具有一些
方法論規則，至少也有一些反面性質的規則（rules of negative
nature），而足以降低可能含有的任意性。所謂「一些方法論規則」，
乃指「支持一個假設或理論的程度，隨著證據的數量與精確性的

增加而提高」之類的規則；而所謂的「一些反面性質的規則」，則指「在未獲得一個更具解釋力的替代理論之前，不必由於一個反例，就放棄一套通過無數次驗證的理論」之類的規則。

第二，當代政治哲學著作中的公共驗證，具有「人際的實踐活動」(interpersonal practical activity)的特點。為使特定的政治安排、或道德原則、或提議，獲得公共驗證，須對每一位有關成員提供某些服膺它們的良好理由，或須使每一位有關成員深信他們應該服膺它們(Gaus, 1986: 255-256; Meehan, 1991; 130)。然而，公共驗證的這種實踐特點，就是不易達成的過分要求。我們試以當代著名政治哲學家J. Rawls的主張，略加說明。J. Rawls曾說：

> 驗證乃是針對不同意我們之人、或針對就身處三心兩意狀態的我們自己，所陳述的論證。它假定人際之間或個體自身之內，存在著相互衝突的見解，並企求他人或本人深信我們據以判斷之原則的合理性。為了透過理性來調和這些衝突見解，驗證遂從參與討論之所有諸造的共同主張開始進行。理想上，去向某人驗證一個正義概念，乃是去賦予他一個正義原則(源自我們雙方都接受之前提的正義原則)的證明(proof)……如此，僅是證明，不是驗證。一個證明只是展示諸命題之間的邏輯關係。然而，一旦起點是相互確認的，或者，結論是如此廣博而強有力、以至於誘導我們相信諸前提所表達之觀念的健全性，那麼，證明就變成驗證了。(1972: 580-581)

由上述引文可知，J. Rawls所謂的驗證，始於說服異議者或猶

疑不決的本人，因而不僅止於證明[6]。而證明即是有效論證（valid argument）；但僅是中效論證，不是驗證，甚至，即使是健全論證（sound argument），依然不是驗證。J. Rawls（1985: 229）曾經斷言：「驗證不被視為僅是來自列舉諸前提的中效論證，即使這些前提皆為真。」因為公共驗證具有「人際的實踐活動」的特點，所以必須始於所有參與驗證者的共同主張。所謂共同主張，乃指共識（consensus），亦即「我們與其他人公共確認為真的諸前提，或公共確認為可接受的諸前提」（Rawls, 1985: 229）。由此看來，除了「結論是如此廣博而強有力」、以至於誘導我們相信諸前提所表達之觀念的健全性」的含糊說詞外，我們可以斷定，J. Rawls所要求的驗證，具有兩大成分：1. 健全論證，或前提皆為真的中效論證；2. 健全論證中的前提，必為每位相關成員皆確認為真的或可接受的。比起邏輯實證論來，這種要求確實過高。J. Ralws的正義理論，實際上也未以這種論證形式，明確條列陳述。作者深信，倘若J. Rawls能夠運用其所標榜之理論建構的策略，而以論證形式條列每一命題及其邏輯關係，那麼環繞正義理論所惹起的無數爭論，甚至是其理論「是否包含交易觀念」或「是否為超越的還是實效的」之類的闡釋爭議（D'agostino, 1991: 393, 396-397），頓將銳減。

6　J. Rawls使用「證明」一詞的意義，同於邏輯實證論，參見Simon（1952: 475），Brecht（1970: 51-52）。大體而言，政治學家並未致力於澄清驗證與證明之間的關係。當提及這兩者時，通常含糊其詞。例如，著名學者G. Sartori就曾籠統地說：「比起證明來，驗證乃是一種較少的要求。然而，缺乏任何證明的驗證，也不是良好的驗證。」（1987: 276, note 20）有些政治學者甚至認為驗證只是依賴在價值之上，例如，H. Mayo便曾斷定：「驗證不是證明，不是一個結論性的證實（a conclusive demonstration），也不是可測量的機率真理……因為它總是依賴在價值之上……驗證是選擇性的與不完全的。」（1962: 565）

　　總而言之，某些傳統政治哲學家試圖運用演繹論證，經由「混合三段論」或「笛氏程序」，去建構一個包含價值語句的理論體系，乃是一件枉費心機之事。當代政治哲學家企圖使用各種公共驗證的模型，去建立一種足以克服邏輯實證論所構築之障礙的規範理論，也是一件徒勞無功之事。F. D'agostino（1991: 411-412）在檢視各種公共驗證方式後，就曾明白指出：「毋庸置疑，在自由傳統中，公共驗證乃是一個重要觀念。這個傳統中的無數近著，可說皆在詮釋這個觀念。然而，確有理由以認定，去追求這種觀念所呈現出來的理想，似是一件荒誕不經之事……在無法截長補短的意思上，公共驗證的各種技巧與研究法，乃是『不可比較的』，而每一個研究法所展現的優點，似乎皆為其缺點所抵銷，假使不是全被銷毀的話。」

四、民主政治的參與理論

　　依據上節的分析，當代政治哲學家所說的驗證，乃在於提供一個「決定性的偏好理由」，從而顯現出「缺乏接受理由的規則」與「人際間的實踐活動」兩個特點。這樣的驗證工作，既乏定規可尋，又嫌要求過高，因而不但含有濃厚的任意性，並且標榜著難以建構的理論藍圖。當然，若能憑藉這種解析結果，進一步檢視政治哲學「起死回生」後所建構的民主理論，那麼或能更加彰顯本章的論旨。本節所要評述的，乃是一般政治學者認定為較具代表性的一個民主理論，此即「民主政治的參與理論」（participatory theory of democracy）（Pateman, 1978），或「參與民主的模型」（model of participatory democracy）（Held, 1987: 254-264），或「參與理論」（participatory theory）（Graham, 1977: 149-168; Nelson, 1980: 34-

52）。

　　諸參與理論家約在1970年代以後興起，他們各自建構的理論
細節，雖然不盡相同，但在知識背景、理論核心、理論骨幹及公
共驗證等方面，皆有相似的論點，從而可以組成一套參與理論
（Held, 1987: 254; Nelson, 1980: 34; Graham, 1977: 149）。就知識背
景而言，參與理論基本上乃是回應民主精英論（theory of
democratic elitism）的一種規範理論。民主精英論乃為一種反映當
代經驗研究成果的民主理論。民主精英論者著重「科學」研究，
一方面力圖排除某些未界定的、或無可界定的規範概念，例如「公
善」（the common good），另一方面試圖憑藉真實世界中的經驗資
料，建構一種解釋性的民主理論，期能說明實際運行的民主政治。
他們皆把民主政治視為一種政治方法或政治程序，從而將它界定
為一種達成政治決定的制度安排。在這種安排下，少數精英分別
隸屬於兩個以上政黨，透過定期的自由選舉，競取公民選票而獲
得決策權力。根據這種界定，民主政治系統內的成員，約可分為
兩類，其中之一為具有垂直流動可能性的少數精英，另外之一則
為多數的一般公民。前者具有才華與理想，而為肩負領導責任的
少數人；後者則為消極而有惰性的追隨大眾。數十年來各種調查
報告一再指出，這些追隨大眾的心理特徵，傾向於政治不信任感、
政治疏離感、政治知識缺乏、政治興趣欠缺等，而其政治參與行
為，也甚少理性思慮。然而，多數公民的這些「心理缺憾」與十
分有限的政治參與，卻有益於民主系統的穩健運行。他們宣稱：「個
別的『缺憾』，卻為社會提供了周全的服務。」（Berelson, et al., 1971:
39）據此而言，廣泛的政治參與，不但由於公共事務愈趨專門化與
龐大人數難以進行有效的集會討論，而成為不可行，並且因為可
能危及政治系統之穩健運行，而成為不可欲（詳見郭秋永，1991）。

在回應民主精英論上，參與理論家既可承認民主精英論者的一些經驗調查報告，也能同意民主精英論者的一些論點。例如，他們確實承認諸如「於實際運行的民主政治系統中，多數公民具有某種強度的政治疏離感、或政治不信任感、或無政治興趣等心理傾向」之類的經驗調查報告，也能同意「20世紀以來，政府機構日益龐大、官僚組織日形複雜，以及公共事務愈趨專門化等，使得公民撥出時間親自參與決策過程的要求，成為不太契合實際」之類的一些論點。然而，參與理論家認為民主理論不應自限於「消極性的描述」，而應涵蓋「積極性的推薦」，以期改善現狀，尤其促進多數公民的道德發展。基於這種理論見解，民主政治便被視為一種「參與社會」（a participatory society），而不應該也不能夠被窄化為一種政治方法。所謂「參與社會」，乃指「其所有政治系統皆已民主化，而在社會各個領域中皆可透過參與，進行社會化」的一種社會（Pateman, 1978: 43）。假使僅將民主政治看作一種政治方法，那麼無異於剷除民主政治中最重要的一些價值原則，例如個體的自由發展，或人類平等的理想。參與理論家既然根據參與社會，而來界定民主政治，那麼其理論核心，當然就是參與觀念——試圖泯除少數領袖與追隨大眾分隔的參與觀念，或平等參與決策的參與觀念。

誠然，任何民主政治系統基本上必定包含「某種程度」的參與，因此，民主理論家須在兩種極端之間，亦即每一成員全然介入每一決策與完全排除一般成員介入任何決策之間，擇定某一程度的參與。參與理論家所肯定的參與程度，十分接近民主政治在語源學上之原來的字面意義：民主政治乃是人民統治或人民自治。事實上，人民統治或人民自治的宣稱，至少可作兩種闡釋；其中之一為人民應該（或確實）以某方式參與政治決策，另外之一

則爲人民的選擇或價值反映在法律與政策之中。前一種闡釋，乃
是參與理論家所謂的人民統治或自治。然而，此一闡釋含有一些
疑義。第一，人民統治或自治中的「人民」，究竟意指什麼呢？每
一個人？或人員成分並非一成不變的多數人？或中、低社會階級
的人？或如同一種有機的整體？或絕對多數原則所意含的多數
人？或有限多數原則所意含的多數人？第二，人民自治所能達成
的強度，常跟其所要求的「自治外延」（extension of self-government）
成反比。當自治外延是指個體一人時，自治強度最大；自治的意
思，乃是自行處理事務。當自治外延乃指一群諸如希臘城邦的公
民時，自治強度次之；自治的意思，轉成權力擁有者與權力承受
者之間快速而廣泛的輪替，使得所有公民在輪流統治與被統治的
方式上統治自己。當自治外延是指一大社群的成員時，自治強度
更次之；自治的意思，轉爲反對中央集權而指「來自近處而非遠
方的統治」，或自主的地方政府。當自治外延乃指一個領土不小於
美國、或法國、或義大利之國家的全體公民時，自治強度喪失殆
盡；自治一詞的使用，幾近浮誇（參見Sartori, 1987: 21-25, 64-66;
1962: 17-20, 60-63）。姑且不論這兩種疑義及其引申出來的一些問
題，參與理論家所謂的人民統治或自治，常被籠統地視爲「政治
系統中所有公民參加集會、面對面討論公共問題」，從而屢次遭到
下述的譏評：在今日社會之中，這樣的人人參與、事事介入，縱
非荒誕、也是困難重重。然而，值得注意的，即使接受此種論斷
與批評，參與理論家仍然可以指出：「這不足以推論說，社會與政
府體制不能加以轉變。」（Held, 1987: 258）

　　依據參與理論，社會與政府體系的轉變，首在人們基於「有
限系絡」（limited context）中的經驗，培育出諸如團體認同感的心
理傾向、降低不同見解的衝突程度能夠，以及轉化成爲政治系絡

中有能力的行動者。所謂「有限系絡」，除了居民支配學校、警察及鄉里計劃委員會等地方社群(local community)和工作場所之外，主要指工廠或企業。參與理論家C. Pateman(1978: 45)曾經評說，民主精英論者雖然坦承公民個體也應在全國性政治過程之外的機構，例如工廠，接受「民主訓練」，但絕少提及如何訓練，因此，民主精英論者在承認工廠組織的層級性及寡頭性之下，逕行聲稱工廠內的社會化即是民主訓練，就未免顯得弔詭了。不同於民主精英論，參與理論家不但著重「非政府權威結構」中的參與過程，並且特別要求這些結構的民主化。根據C. Pateman(1978: 67-85)的見解，在一般的工廠中，雇主(或管理者)與雇員之間，具有上司與下屬的關係，而為一般個體互動中最具「政治的色彩」，因此，工廠乃是最重要的「非政府權威機構」，而「參與社會」能否實現，也就繫於工廠內權威結構的轉變與否。C. Pateman指出，工廠內的參與，約略可以分為三種類別，而「泯除上司與下屬之間的分隔」的參與原則，乃是實際上可推行的。

第一種的類別，乃是「虛擬參與」(pseudo participation)。這種參與基本上是指，管理者自行依據特定目標作成決定後，再以某種方式或風格，例如明告諸雇員並鼓勵發問討論，而來創造雇員的參與「感覺」。管理者既非諸雇員推選，也不對諸雇員負責；所謂的參與，只是一種「誘導技巧」。第二種的類別，即是「部分參與」(partial participation)。這種參與基本上乃指，諸雇員不但參與決策的討論，並且能夠影響決策的作成，唯最後決定權力仍然掌握在管理者手中；雇員並無等同於管理者的決定權力，只能發揮影響作用。第三種的類別，則是「完全參與」(full participation)。此種參與基本上是指，諸雇員形成自我調整團體(self-regulating groups)，自行決定日常工作的程序，而不受管理

者的監督，每位參與者各享平等的決定權力，而無分享不均等權力的「兩造」，這就是工廠內權威結構的民主化——泯除管理者與雇員之間的固有分隔。顯然的，「完全參與」要求權威結構的轉變！依據C. Pateman的見解，不論是「部分參與」，或是「完全參與」，都可以在高、低兩種管理層次上實行。低管理層次上的決定，乃指控制日常工作的管理決定；高管理層次上的決定，則指控制整個工廠運行、投資決定、市場銷售等管理決定。

除了工廠的權威結構外，參與理論家所強調的社會與政府體制的轉變，也涉及政黨組織的更新。依據他們的見解，政黨具有整合並提出資源分配、環境保護、都市計劃、移民政策、外交政策，以及軍事政策等議題的作用，因而在參與社會中，仍爲不可或缺的制度。然而，政黨本身應該予以民主化，而使之成爲「參與式的政黨」（participatory parties）：依據直接民主的原則和程序，或至少應以較少層級性的原則（less hierarchical principles），重新組織政黨系統。

從上述社會與政府體制的轉變方式可知，參與理論家並未論及直接民主制度可以擴展到所有的政治、社會及經濟等領域，因而並未完全排除間接民主的制度。這就是說，在參與理論的理論骨架上，競爭性的政黨、選任官吏、民意代表及定期選舉，仍是不可或缺的制度。這種混合間接民主與直接民主的理論骨架，或可運用參與理論家所謂的「金字塔體制」（pyramidal system），略加說明。金字塔的底層，乃是工廠、地方社群及工作場所等「有限系絡」，實行直接參與決策的直接民主。在這個底層，諸成員透過面對面的溝通討論，而以共識或多數決達成決定。金字塔的上層，則是民選代表以間接民主的形式進行公共事務的協商和決策，而「參與式的政黨」則從中整合並提出議題。參與理論家相

信，就大規模工業化的現代社會而言，這種「金字塔體制」的實施，具有十分深遠的重要意義。第一，在現代社會中，只要個體有機會直接參與「有限系絡」中的各種決定，個體才有希望真正掌握自己的生活與環境，而成爲「自己的主人」。第二，「有限系絡」中的直接參與經驗，使得個體較能判斷全國性的決定、評估民選代表的政績、權衡全國性決策的影響，而當有機會時，也較適於參與全國性決策。然而，這樣的參與理論，如何進行驗證呢？

由於一個理論乃是「一套有系統地相互關聯的、經驗上可檢定的述句」（Rudner, 1966: 10），因此接受民主政治之「理論」的驗證，理應不同於贊成民主政治系統的驗證。前一種驗證中的經驗證據，足以組成有系統的關聯性，而後一種驗證則未必如此。然而，依據K. Graham（1986: 20-21, 151-158），支持參與理論的論證，即爲贊成民主政治的「根據類別」（type of grounds）。他指出，歷來贊成民主政治的各種根據，約可分成兩類，其中之一爲「內在根據」（intrinsic ground），另外之一則爲「後果根據」；前者是依民主政治的內在性質而贊成，後者則依民主政治的後果而贊成，並且可按後果的性質，再分成「道德性後果」與「非道德性後果」兩個次級類別。用在參與理論的驗證上，「內在根據」便是「內在驗證」（intrinsic justification）：直接參與各種決定，乃在確認個體的尊嚴與價值。「非道德性的後果根據」即是「非道德性的後果驗證」：愈有機會參與各種決定，則愈可提高政治功效感、增加工作滿足感、增進政治知識、孕育行動能力、養成政治興趣、以及降低疏離感。「道德性的後果根據」則是「道德性的後果驗證」：愈常參與各種決定，則愈可能培育社群感、增強團體認同感，以及降低自私感。這些「道德性的」與「非道德性」的後果，可從Milbrath and Goel（1976）綜述228個地區之政治參與研究的「知

識現況」、Pateman(1978)引述之51種以上的研究發現，以及散見
於晚近各期學術性雜誌中的研究成果，得到某種程度的支持。值
得注意的，這些可資引用的經驗資料，雖然大多不是明確關涉直
接參與或高管理層次的參與，並且也容許不盡相同的闡釋(參見郭
秋永，1991)，但至少不致乖違參與理論家的闡釋，而可充作參與
理論的支持證據。

總之，依據一般政治學者的見解，整套參與理論，可以按照
D. Held的總括(1987: 262)，綜述如下表（見下頁）。

到此為止，我們已經根據一些重要著作，勾繪出整套參與理
論。那麼，此一理論的驗證，是否符合當代政治哲學家揭櫫的驗
證方式呢？下文試就三個論點，分別加以評述。第一，D. Held曾
經宣稱，其所謂的模型，乃指一個理論建構體(a theoretical
construction)，或一套通則所組成的「複雜網路」(complex
networks)，而民主政治的模型，「必然」包括經驗述句與規範語句
之間的一個「變動平衡」(a shifting balance)。他說：

> 有關「模型」的觀念……我使用此詞指涉一個理論建構體。
> 這樣的建構體，乃設計來顯現並解釋一種民主體制的主要
> 元素及其基本結構或關係。生活面相或成套制度的適當理
> 解，只能訴諸它跟其他社會現象的關係。據此而言，模型
> 乃是有關政治、經濟及社會之概念與通則的複雜「網路」。
> 進一步說，民主政治的諸模型，……必然包括「描述—解
> 釋的」(descriptive-explanatory)述句與規範陳述之間的一個
> 變動平衡……不論政治分析中所使用的方法號稱為什麼，
> 在民主政治的所有模型中，我們可以發現規範與描述的一
> 種複雜混合(Held, 1987: 6-7)。

　　然而，按照D. Held的模型觀念，檢視他本人建構的「參與民主的模型」，我們可以立即發覺到，兩者相去甚遠。在「參與民主

總括　模型8

參與民主

驗證原則	1.自我發展的平等權利，只能在「參與社會」中才能達成。一個「參與社會」，乃是孕育政治功效感、培育集體問題的關懷、裨益有識公民的養成、以及強化有識公民介入統治過程的能力等等的一個社會。
基本特徵	1.公民直接參與社會中基本制度的管理，這些制度包括工作場所與地方社群。 2.重新組織政黨系統，以使政黨幹部直接向黨員負責。 3.國會或議會中運行「參與式的政黨」。 4.維持一個開放的制度系統，以期確保各種政治體制的實驗可能性。
一般條件	1.透過物質資源的再分配，迸行改善許多社會團體的匱乏基礎。 2.儘量縮小公、私生活中不負責任的官僚權力，假使可能的話，那麼予以根除。 3.一個開放的訊息系統，期能確保精明決定的作成。 4.再次檢視兒童照顧條款，以至於女人與男人皆有參與機會。

附註：此一模型的繪製，參酌Poulantzas, Macpherson, 及Pateman等參與理論家的主要見解。

的模型」中，僅有條列式的一些驗證原則、基本特徵，以及一般條件；所條列的諸語句，既乏有系統的關聯性，又未組成「複雜網路」，更無經驗述句與規範語句之間的「變動平衡」！至於參與

理論的「內在驗證」，基本上同於本章上節所引述的「本務論的驗證」，而「道德性與非道德性的後果驗證」則如同「目的論的驗證」。可是，其所驗證的，僅是個別的原則或述句，而非整個理論系統。簡言之，所建構的模型與所進行的驗證，皆跟所標榜的理論建構體與驗證，具有一段相當的距離。

第二，依據本章上節的評述，當代政治哲學家揭櫫的驗證，具有「人際的實踐活動」的特點，因而聲稱驗證必須是始於某種共識的證明；僅是證明，並非驗證。據此而言，由於參與民主模型中的諸語句，彼此之間並未構成邏輯的推演性，因而不足以言「證明」，遑論始於共識的證明了！不過，參與理論雖未始於某種共識，但卻密切關連「人際的實踐活動」。不同於民主精英論者，參與理論家的理論建構，並不僅止於描述或解釋一般公民的疏離感或無能力而已，他們力圖提出治療的處方，因而其理論隱含著變遷觀念。從這種變遷觀念，引申出一些尚待答覆的心理問題與結構課題。例如，一般公民既有的疏離感，如何轉成強烈的參與欲望？強烈的參與欲望，如何使得公民在不同領域上轉化成為「專家」，而具有直接參與決策的知識與能力？如何徹底改變現行的一些制度？如何大幅改善既有社會與經濟上的不平等？如此說來，凡是關切「人際的實踐活動」的規範理論，尤其涉及劇烈變遷的民主理論，必須驗證一些可行性的問題。可惜，在參與理論中，這些心理問題與結構課題，依然尚待進一步的澄清與解決。

第三，從本節評述可知，不論是民主精英論或是參與理論，民主理論的驗證，預設民主政治的界說。民主精英論者認為民主政治即是一種政治方法，而參與理論家則視為一種參與社會。民主政治的界定，既然互有出入，則所建構的理論及其所要進行的驗證，自然有所差別。著名政治學者G. Sartori (1987: 4)曾經指出，

數十年來,促使民主理論淪於知識末流的一個重要因素,乃是「語詞僅為約定」的學說。在這個因素的影響下,民主政治的界說,似應聽任研究者隨意界定,從而顯現出任意定奪的性質。平實而言,從民主精英論和參與理論的民主政治的界定看來,這兩種界說實際上已對「民主政治」所具有的習用意義,各作了某種程度的貼切詮釋,而非研究者的任意界定。誠然,在「民主政治」一詞已具數千年歷史之下,去宣稱所界定的民主政治,乃是「唯一真正的」民主政治,也非明智之舉。如此說來,規範性民主理論(例如參與理論)的建構及其驗證,預設民主政治的一種規約界說(prescriptive definition),似乎「言之成理」而無不當之處,同樣的,經驗性民主理論(例如民主精英論)的建構及其驗證,預設民主政治的一種描述界說(descriptive definition),也是「理所當然」。因此,假使當代政治哲學家斷定「價值」與「事實」絕難截然分割,那麼如何釐清它們的相互關係,從而整合規範性與經驗性民主理論的建構及其驗證,也就成為刻不容緩的課題了。

五、結語

政治學者G. Almond(1990: 32-65)曾經引用著名學者K. Popper的一個比喻,力圖破除晚近政治行為研究中的一個風行觀念。事實上,就當代政治哲學的驗證課題而言,這個比喻,也十分恰當。

K. Popper曾經使用「雲」與「鐘」的比喻,例釋真實世界的異質性。他設想真實世界的各種現象及其性質,沿循一個連續體而依序展開。位居最左端的,乃是最無規律的、最無秩序的,以及最不可預測的現象,就如同千變萬化的「雲」。接近此一極端的

例子，乃是成群的蚊蚋或魚蝦。位居最右端的，則是最有規律的、最有秩序的，以及最可預測的現象，就像一成不變的「鐘」。趨近這一極端的例子，則是太陽系或汽車。牛頓理論的耀眼光彩，引導多數科學家與哲學家相信宇宙及其各部分，原本就是「鐘」，而在原則上皆是可預測的；某些尚屬不確定的現象，只是仍未探究清楚，而非本質上就是如雲一般的變動不居。簡言之，多數科學家與哲學家深信，「所有雲原本皆是鐘」。然而，1920年代所發展出來的量子論，卻詰難「鐘」的模型，進而認為，所有基本的自然過程，皆是機遇(chance)與不定。量子論的四射光華，引導多數科學家與哲學家相信，「所有鐘原本就是雲」，或「唯有雲存在，雖然其混亂程度不一」，從而試圖基於量子跳躍的不可預測性，建立人類選擇的模型。可是，K. Popper指出，不論是「鐘」或是「雲」的模型，皆不足以說明真實世界中人類觀念的自主性。人類具有價值、決定、意圖、計劃、目的及學習等自主性的觀念，可在某種程度上支配自身的行為並控制外在的環境，從而顯現出某種規律性。人類行為既非瞬息萬變如雲，也非一成不變似鐘，因而人類行為的理解，乃介於純雲與純鐘之間，或全然機遇與完全決定之間。值得注意的，人類自身的支配與外在環境的控制，絕非一種「僵硬性的控制」(a caseiron control)，而是密切關聯著自由與支配兩種觀念的「可塑性的控制」(a plastic control)，因此，其所呈現出來的規律性，乃是「軟性規律」(soft regularities)。不同於物理的規律性，「軟性規律」嵌在人類記憶、學習過程、目標追求、行為調適，以及斟酌選擇等重現的經驗中，但常因學習創新而持續不久。

依據筆者的淺見，政治哲學的研究課題，基本上趨向於「雲」，而邏輯實證論的見解，相對上朝向於「鐘」。顯然的，「如雲」的

著作，誠難契合「似鐘」的見解。本章第二節就在解析此一論點，進而指出「價值語句無真偽可言」與「休氏鐵則」兩種見解，使得政治哲學研究領域上的各種理論體系，陷入難以自圓其說的困境。簡言之，政治哲學的「復興」，實際上尚未能夠有力反駁邏輯實論證的批評。進一步說，假使「如雲」的著作，強要裝扮「似鐘」模樣，那麼徒見吞雲吐霧而無所增益。本章第三節乃在分析這一論點，從而達成下述兩個主要結論。第一，某些傳統政治哲學家試圖運用演繹論證，經由「混合三段論」或「笛氏程序」，去建構一個包含價值語句的理論體系；然而，這是一件枉費心機之事。第二，當代政治哲學的公共驗證，一方面意指「提供理由」，但是缺乏某些接受理由的規則，從而帶有濃厚的任意性，另一方面卻又高懸一個超過邏輯實證論的驗證要求，而難以達成。為了彰顯並確定這些分析結果，本章第四節運用政治哲學復興後的一個頗具代表性的民主理論（參與理論）來加以例證，並判定其所進行的驗證工作，不符合當代政治哲學家揭櫫的驗證方式，從而指出三個論點：1. 參與理論家所進行的驗證，僅是個別的原則或述句，而非整套理論系統；2. 參與理論中的諸語句，事實上缺乏有系統的關聯性，因而不足以言「證明」，遑論始於共識的證明了；3. 規範性民主理論的建構及其驗證，預設民主政治的一種規約界說，而經驗性民主理論的建構及其驗證，則預設民主政治的一個描述界說，因此，若要整合規範性與經驗性民主理論，則首須明確指出價值與事實之間的相互關係；空言兩者關係不淺，實在無濟於事。

政治學家T. Weldon（1953: 43-44）曾經指出：「古典政治學家試圖描述他們認為值得讚揚的政治制度；這是十分對的。他們也對某一制度優於另一制度的偏好，提出理由；這也是十分正確

的。……他們走錯之處，乃在於所提供的理由是屬於錯誤類別的理由(the wrong kind of reason)。」假使本章的分析，尚能成立，那麼當代政治哲學家似乎重蹈覆轍，也在尋覓「錯誤類別的理由」。然而，正確類別的理由，究竟是什麼？此非本章的分析重心，但或可提示兩個原則性的建議。第一，規範性的政治理論，例如民主政治的參與理論，是由分析述句、綜合述句及價值語句所組成；前兩種述句的驗證，分別訴諸邏輯與經驗。第二，當驗證一個價值語句或價值原則時，所提出的支持理由，基本上如同「軟性規律」一樣，缺乏久遠的固定性，因而必須著重比較研究，藉以探求相對上較佳的理由。例如，甲類理由是否說明了乙類理由所未預期的事例？再如，甲類理由是否包含了乙類理由所能說明的事例？總之，假使當代政治哲學的重現生機，要能生生不息，那麼致力建構出適於其研究題材的驗證方式，而不強行裝扮「似鐘」的模樣，乃是一件刻不容緩之事。

參考書目

袁頌西
  1995　〈政治研究與價值問題：方法論上的探討〉，《政治科學論叢》6:145-168。
郭秋永
  1981　《政治科學中的價值問題：方法論上的分析》（台北：中研院社科所，中研院三民所叢刊〔5〕）。
  1985　〈評「韓國的政治參與：理論模型的應用問題」〉，《中山社會科學譯粹》（高雄：中山大學），第1卷第1期，頁81-84。
  1988　《政治學方法論研究專集》（台北：商務印書館）。
  1991　〈民主精英論及其平等概念〉，戴華、鄭曉時（主編），《正義及其相關問題》（臺北：中研院社科所專書〔28〕），頁343-368。。
  1993　《政治參與》（台北，幼獅出版社）。
  1995a　〈邏輯實證論與民主理論：驗證問題的探討〉，張福建與蘇文流主編，《民主理論：古典與現代》（臺北：中央研究院中山人文社會科學研究所），頁371-407。
  1995b　〈解析「本質上可爭議的概念」：三種權力觀的鼎立對峙〉，《人文與社會科學集刊》（臺北：中央研究院中山人文社會科學研究所），第7卷第2期，頁175-206。
  1998a　〈社群權力的多元模型：方法論上的探討〉，蕭高彥與蘇文流主編，《多元主義》（台北：中央研究院中山人文社會科學研究所），頁195-235。
  1998b　〈政治參與和多元政治：理論建構上的價值問題〉，《行政學報》（台北：中興大學），第29期，頁1-60。。
  1999　〈強勢民主：新時代的政治參與〉，《問題與研究》（台北：政大國關中心），第38卷第6期，頁63-94。。
Adamson, W.

1989 "Convergences in recent Democratic Theory," *Theory and Society*, vol. 18: 125-142.

Almond, Gabriel A.

1990 *A Discipline Divided: Schools and Sects in Political Science* (CA: Sage Publications, Inc).

Almond, G. and S. Verba

1963 *The Civic Culture: Political Attitudes and Democracy in Five Nations*. (Princeton: Princeton University Press).

Apter, D.

1988 "Machiavelli's Queston: Thoughts on Positive and Negative Pluralism," I. Shapiro and G. Reeher, eds., *Power, Inequality, and Democratic Politics: Essays in Honor of Robert A. Dahl* (Boulder and London: Westview Press), pp.203-218.

Ayer, Alfred

1946 *Language, Truth and Logic*, 2nd edition, London: Victor Gollance.

Bachrach, P. and A. Botwinick

1992 *Power and Empowerment: A Radical Theory of Participatory Democracy* (Philadelphia: Temple University Press).

Barber, B.

1969 "Conceptual Foundations of Totalitarianism," in C. Friedrich, M. Curtis, and B. Barber, eds., *Totalitarianism in Perspective: Three Views* (New York: Praeger), pp. 3-52.

1971 *Superman and Common Men: Freedom, Anarchy and The Revolution* (New York: Praeger).

1974 *The Death of Communal Liberty* (Princeton: Princeton University Press).

1984a *Strong Democracy: Participatory Politics for a New Age* CA: University of California Press.

1984b "The Conventions: Unconventional Democracy," *Psychology Today*, vol. 18 (July), pp. 52-54.

1984c "Political Talk and 'Strong Democracy' " *Dissent*, vol. 31, (spring), pp. 215-222.

1988a *The Conquest of Politics: Liberal Philosophy in Democratic Times* (N. J.: Princeton University Press).

1988b   "Participation and Swiss Democracy," *Government and Opposition*, vol. 23 (winter), pp .31-50.

1992   *An Aristocracy of Everyone: The Politics of Education and The Future of America* (N. Y.: Oxford University Press).

1993   "Review of J. Shklar, American Citizenship: The Quest for Inclusion," *Political Theory*, vol. 21 Feb. pp. 146-153.

1995a   "An Epitaph for Marxism," *Society*, vol. 33, pp. 22-26.

1995b   "A Mandate for Liberty: Requiring Education-Based Community Service," A. Etzioni, ed., *Rights and the Common Good: The Communitarian Perspective* (New York: St. Martin Press), pp. 193-201.

1996a   "An American Civic Forum: Civil Society between Market Individuals and the Political Community," E. Paul, F. Miller, Jr., and J. Paul, eds., *The Communitarian Challenge To Liberalism* (New York: Cambridge University Press), pp. 269-283.

1996b   *Jihad vs. McWorld.* New York: Ballantine Books.

1998   *A Passion for Democracy* (New Jersey: Princeton University Press).

Barry, Brian

1990   *Political Argument: A Reissue with a New Introduction* (Los Angeles: University of California Press).

Bendix, R.

1971   "Comment on Political Order in Changing Societies," *Political Science Quarterly*, pp. 168-70.

Berelson, B., P. Lazarsfeld and W. McPhee

1971   "Democratic Practice and Democratic Theory," in P. Bachrach (ed.), *Political Elites in A Democracy* (N. Y.: Atherton Press).

Bienen, H.

1974   *Kenya: The Politics of Participation and Control* (Princeton New Jersey: Princeton University Press).

Bingham, A.

1971   "Review: Dahl's After the Revolution," *Political Science Quarterly*, 2: 298-301.

Birch, A. H.

1993   *The Concepts and Theories of Modern Democracy* (New York:

Routledge).

Bollen, K.

1980 "Issues in the Comparative Measurement of Political Democracy," *American Sociological Review*, vol. 45, pp. 370-390.

1990 "Political Democracy: Conceptual and Measurement Trips," *Studies in Comparative International Development,* vol. 25, pp. 7-24.

Booth, K.

1997 "Huntington's Homespun Grandeur," *The Political Quarterly,* Vol. 68, pp. 425-428.

Bowen, E. R. and G. I. Balch

1981 "Epistemology, Methodology, and Method in the Study of Political Behavior," in Samuel Long (ed.), *The Handbook of Political Behavior* 5: 1-37 (N.Y. and London: Plenum Press).

Brecht, Arnold

1970 *Political Theory: The Foundations of Twentieth-Century Political Thought*, 3rd Princeton Paperback Printing (N. J.: Princeton University Press).

Budge, I.

1996 *The New Challenge of Direct Democracy* (Cambridge: Polity Press).

Burke, J.

1994 "Democracy and Citizenship," L. Legters, J. Burke, and A. Diquattro, eds., *Critical Perspectives on Democracy* (Maryland: Rowman & Littlefield), pp. 45-61.

Burtt, S.

1993 "The Politics of Virtue Today: A Critique and a Proposal," *American Political Science Review*, vol. 87: 360-368.

Cameron, D. etal.

1988 "Roundtable Discussion: Politics, Economics, and Welfare," I. Shapiro and G. Reeher, eds., *Power, Inequality, and Democratic Politics: Essays in Honor of Robert A. Dahl* (Boulder and London: Westview Press), pp. 153-167.

Cammack, P.

1997 *Capitalism and Democracy in the Third World: The Doctrine for Political Development* (London: Leicester University Press).

Ceaser, James W.
1990   *Liberal Democracy and Political Science* (Baltimore: The Johns Hopkins University Press).

Cohen, J.
1985   "Review of B. Barber, *Strong Democracy*," *Contemporary Sociology*, vol. 14, no. 5: 628-629.

Conway, M.
1991   *Political Participation in the United States* (Washington, D. C.: Congressional Quarterly Inc.), second edition.

Corcoran, Paul E.
1983   "The Limits of Democratic Theory," G.Duncan, (ed.). *Democratic Theory and Practice* (Cambridge University Press).

Cribb, Alan
1991   *Values and Comparative Politics: An Introduction to the Philosophy of Political Science* (Aldershot: Avebury).

Cunningham, F.
1994   *The Real World of Democracy Revisited, and Other Essays on Democracy and Socialism* (New Jersey: Humanities Press).

D'agostino, Fred
1991   "Some Modes of Public Justification," *Australasian Journal of philosophy* 69(4, December): 390-414.

Dahl, A. R.
1947   "The Science of Public Administration: Three Problems," *Public Administration Review* 7: 1-11.

1955   "The Science of Politics: New and Old," *World Politics*, 7: 479-489.

1956a   "Hierarchy, Democracy and Bargaining in Politics and Economics," H. Eulau, Eds., *Political Behavior: A Reader in Theory and Research* (Glencoe: Fress Press), pp. 83-90.

1956b   *A Preface to Democratic Theor* (Chicago: The University of Chicago).

1957   "A Rejoinder,"*American Political Science Review*, 51: 1053-1061.

1958a   "A Critique of the Ruling Elite Model," *American Political Science Review*. 52: 463-469.

1958b   "Political Theory: Truth and Consequences," *World Politics*, 11: 89-

102.

1961a   "The Behavioral Approach inPolitical Science: Epitaph for a Monument to a Successful Protest," *American Political Science Review* 55: 763-772.

1961b   *Who Governs? Democracy and Power in an American City* (New Haven: Yale University Press).

1963   *Modern Political Analysis* (N. J.: Prentice-Hall).

1966   "Further Reflections on the Elitist Theory of Democracy," *American Political Science Review* 60: 296-305.

1967   "The Evaluation of Political Systems," Ithiel de Sola Pool, ed., *Contemporary Political Science: Toward Empirical Theory* (New York.: McGraw-Hill), pp. 161-181.

1968   "Political Theory: Truth and Consequences," in R. Dahl and D. Neubauer (eds.), *Readings in Modern Political Analysis* (N.J.: Prentice-Hall).

1970a   *Modern Political Analysis*, 2nd edition (N. J.: Prentice-Hall).

1970b   *After the Revolution? Authority in a Good Society* (New Haven: Yale University Press).

1971   *Polyarchy: Participation and Opposition* (New Haven, Conn.: Yale University Press).

1976   *Modern Political Analysis*, 3rd edition (N.J.: Prentice-Hall).

1981   *Democracy in the United States: Promise and Performance.* 4th edition (Boston: Houghton Mifflin).

1982   *Dilemmas of Pluralist Democracy Autonomy vs. Control* (New Haven: Yale University Press).

1984   *Modern Political Analysis*, 4th edition (N. J.: Prentice-Hall).

1985   A *Preface to Economic Democracy* (Berkeley: University of California Press).

1986   *Democracy, Liberty, and Equality* (Oslo: Norwegian University Press).

1989   *Democracy and Its Critics* (New Haven: Yale University).

1991   *Modern Political Analysis*, 5th edition (N. J.: Prentice-Hall).

1992   "The problem of Civic Competence," *Journal of Democracy* 3: 45-59.

1993   "Why All Democratic Countries Have Mixed Economics," J.

Chapman and I. Shapiro, eds., *Democratic Community* (New York : New York University Press), pp. 259-282.

1994   "A Democratic Dilemma: System Effectiveness Versus Citizen Participation, "*Political Science Quartely* 109: 23-34.

1996   "Equality Versus Inequality," *Political Science and Politics* 29: 639-648.

1998   *On Democracy* (New Haven: Yale University Press).

Dahl R. and C. Lindblom

1976   *Politics, Economics, and Welfare: Planning and Politico-Economic Systems Resolved into Basic Social Processes.* With a new Preface. First printed in 1953 (Chicago: University of Chicago Press).

Dahl, R. and E. Tufte.

1973   *Size and Democracy* (Stanford: Stanford University Press).

Diamond, L.

1996   "Is the Third Wave over?" *Journal of Democracy*, Vol.7, pp.20-37.

Duncan, G. and S. Lukes

1963   "The New Democracy," *Political Studies*, 11: 156-177.

Easton, D.

1971   *The Political System: An Inquiry into the State of Political Science.* 2nd edition (New York: A. A. Knopf).

Esquith, S.

1989   "Review of B. Barber, *The Conquest of Politics*," *American Political Science Review*, vol.83: 995-996.

Etzioni, A.

1989   "Toward and I & We Paradigm," *Contemporary Sociology*, vol.18: 171-176.

Eulau, H.

1968   "Values and Behavioral Science: Neutrality Revisited," *Antioch Review* 28 : 160-167.

Feigl, Herbert

1971   "Validation and Vindication: An Analysis of the Nature and the Limits of Ethical Arguments," W. Sellars and J. Hospers(eds.), *Reading in Ethical Theory* (N. Y.: Appleton).

Gasiorowski, M.

1990   "The Political Regimes Project," *Studies in Comparative International Development,* vol. 25, pp.109-125.

Gaus, Gerald F.

1986   "Subjective Value and Justificatory Political Theory," in J. R. Pennock and J. W. Chapman (eds.), *Justification,* NOMOS XXXVIII (N.Y. & London: New York University Press).

1990   *Value and Justification: The Foundations of Liberal Theory* (N.Y.: Cambridge university Press).

Gershman, C.

1997   "The Clash within Civilizations," *Journal of Democracy,* vol.8, no.4, pp.165-170.

Graham, G.

1972   "Latent Madisonianism: Before and After *A Preface to Democratic Theory,*" *The Political Science Reviewer,* 2: 66-89.

Graham, Keith

1986   *The Battle of Democracy: Conflict, Consensus and Individual* (Brighton: Wheatsheaf Books Ltd).

Gress, D.

1997   "The Subtext of Huntington's 'Clash', " *Orbis,* vol.41, pp.285-99.

Gunnell, J.

1989   "Review of B. Barber, *The Conquest of Politics,*" *The Journal of Politics,* vol.51: 762-763.

Hanson, R.

1989   "Democracy," T. Ball, J. Farr and R. Hanson, eds., *Political Innovation and Conceptual Change* (Cambridge: Cambridge University Press), 1989. pp.68-89.

Hare, R. M.

1963   *Freedom and Reason* (London: Oxford University Press).

1990   *The Language of Morals,* 7th impression (Oxford: Clarendon Press).

Hassner, P.

1996/ 97 "Morally Objectionable, Politically Dangerous," *The National Interest* (Winter), pp.63-69.

Held, David

1987   *Models of Democracy* (Cambridge: Polity Press).

1996   *Models of Democracy*, 2nd edition (Stanford: Stanford University Press).

Held, Virginia

1975/76 "Justification: Legal and Political," *Ethics* 86: 1-16.

Huntington, S.

1965a   "Political Development and Political Decay," *World Politics*, vol.17, pp.386-430.

1965b   "Communication on Almond's Book Review of *Political Power: USA/USSR,*" *American Political Science Review*, vol.59, June 1965, pp.446-447.

1966   "Political Modernization: America vs. Europe," *World Politics*, vol.18, pp.378-414.

1968   *Political Order in Changing Societies* (New Haven: Yale University Press).

1970   "Social and Institutional Dynamics of One-Party Systems," S. Huntington & C. Moore, Eds. *Authoritarian Politics in Modern Society: The Dynamics of Established One-Party Systems* (New York: Basic Books), pp.3-47.

1971   "The Change to Change: Modernization, Development, and Politics," *Comparative Politics*, vol.3, pp.283-322.

1975   "The United States," S. Huntington, M. Crozier, and J. Watanuki, *The Crisis of Democracy* (New York University Press).

1984   "Will More Countries Become Democratic?" *Political Science Quarterly.* Vol.99, no.2, pp.193-218.

1987   "The Goods of Development, " in M. Weiner and S. Huntington, Eds. *Understanding political Development: An Analytic Study* (Boston: Little Brown), pp.3-32.

1988   "One Soul at a Time: Political Science and Political Reform, " *The American Political Science Review*, vol.82, no.1, pp.1-10.

1989   "The Modest Meaning of Democracy," R. Pastor, Eds. *Democracy in the Americas: Stopping the Pendulum* (New York: Holmes & Meier), pp.11-28.

1991   *The Third Wave: Democratization in the Late Twentieth Century* (Norman: University of Oklahoma Press).

1996a   *The Clash of Civilizations and the Remaking of World Order* (New York: Simon & Schuster Inc.).

1996b   "The West: Unique, Not Universal," *Foreign Affairs*, vol.75, no.6, pp.28-46.

1997   "After Twenty Years: The Future of the Third Wave," *Journal of Democracy,* vol.8, no.4, pp.3-12.

Huntington, S. and C. Moore

1970   "Conclusion: Authoritarianism, Democracy, and One-Party Politics," in S. Huntington & C. Moore, Eds. *Authoritarian Politics in Modern Society: The Dynamics of Established One-Party Systems* (New York: Basic Books), pp.509-517.

Huntington, S. and J. Dominguez

1975   "Political Development." F. Greenstein and N. Polsby Eds. *Handbook of Political Science*, vol.3, Macropolitical Theory (MA: Addison-Wesley), pp.1-114.

Huntington, S. and J. M. Nelson

1976   *No Easy Choice: Political Participation in Developing Countries* (Mass.: Harvard University Press).

Huntington, S. etal.

1952   "Research in Political Behavior," *The American Political Science Review*, vol.46, no.4, pp.1003-1045.

Huntington, S., M. Crozier and J. Watanuki

1975   *The Crisis of Democracy* (New York University Press).

Hyland, J.

1995   *Democratic Theory: The Philosophical Foundations* (Manchester: Manchester University Press).

Isaac, J.

1988   "Dilemmas of Democratic Theory," I. Shapiro and G. Reeher, ed., *Power, Inequality, and Democratic Politics: Essays in Honor of Robert A. Dahl* (Boulder & London: Westview Press), pp.132-147.

Isaak, A. C.

1985   *Scope and Method of Political Science: An Introduction to the methodology of Political Inquiry* (Illinos: The Dorsey Press).

Kabashima, I.

1984 "Supportive Participation with Economic Growth: The Case of Japan," *World Politics*, vol. 36, no. 3 (April 1984), pp. 309-38.

Kautz, S.

1995 *Liberalism and Community* (Ithaca: Cornell University Press).

Kim, Chong Lim

1980 "The Patterns of Political Participation: An Introduction," in Chong Lim Kim, ed., *Political Participation in Korea: Democracy, Mobilization and Stability* (California: Clio Books, 1980), pp. 1-20.

Kitschelt, H.

1993 "Social Movements, Political Parties, and Democratic Theory," *The Annals of the American Academy of Political and Social Science*, vol. 528: 13-29.

Koch A.

1958 "The Status of Values and Democratic Political Theory," *Ethics* 68 (April): 166-185.

Kramer, G. H.

1986 "Political Science as Science," in H.Weisburg, ed., *Political Science:The Science of Politics* (N. Y.: Agathon Press, 1986), pp.11-23.

LaPalombara, J.

1978 "Political Participation as an Analytical Concept in Comparative Politics," in S. Verba and R. Pye, Eds. *The Citizen and Politics: A comparative Perspective* (Conn. Greylock), pp. 167-194.

Laslett, P.

1956 "Introduction," *Philosophy, Politics and Society,* series 1 (Oxford: Blackwell).

Lijphart, A.

1997 "Unequal Participation: Democracy's Unresolved Dilemma," *American Political Science Review*, vol. 91, no. 1. March: 1-14.

Lively, J.

1990 *Democracy*, reprinted (Cambridge: Basil Blackwell).

Mansbridge, J.

1987 "Review of B. Barber, *Strong Democracy*," *American Political Science Review*, vol. 81, 1987: 1341-1342.

Mayberry, Thomas C.
  1968   "Morality and Justification," *Southern Journal of Philosophy*, 6:205-214.
Mayo, H. B.
  1962   "How Can We Justify Democracy?" *American Political Science Revuew*, LVI (3, September): 555-566.
McCoy, C. and J. Playford
  1967   "Introduction, "C. McCoy and J. Playford, eds., *Apolitical Politics : A Critique of Behavioralism* (NewYork : Thomas Y. Crowell), pp.1-10.
Meehan, Eugene J.
  1991   *Ethics for Policymaking: A Methodological Analysis* (N.Y.: Greenwood Press).
Milbrath, L. and M. Goel
  1977   *Political Participation: How and Why Do People Get Involved in Politics?* 2nd edition (Chicago: Rand McNally College Publishing Company).
Miller, D.
  1983   "The Competitive Model of Democracy," G. Duncan (ed.). *Democratic Theory and Practice* (N.Y.: Cambridge University Press).
Miller, E.
  1972   "Positivism, Historicism, and Political Inquiry" *American Political Science Review*, 66: 796-817.
Morgan, D.
  1957   "A Postscript to Professor Dahl's *Preface*," *American Political Science Review*, 51: 1040-1051.
Morrice, D.
  1996   *Philosophy, Science and Ideology in Political Though* (London: MacMillan Press; New York: St. Martin's Press).
Muller, J.
  1992   "Democracy and Ralph's Pretty Good Grocery: Elections, Equality, and the Minimal Human Being," *American Journal of Political Science*, vol. 36, pp. 983-1003.
Murchland, B.

1987 *Voice in America: Bicentennial Conversations* (Michigan: Prakken Publications).

Murray, A. R. M.

1966 *An Introduction to Political Philosophy*, Reprinted (London: Cohen & West Ltd.).

Nagel, E

1961 *The Structure of Science* (New York: Harcourt, Brace & World Inc.).

Nelson, J. M.

1987 "Political Participation," in M. Weiner and S. Huntington, eds., *Understanding political Development: An Analytic Study* (Boston: Little Brown), pp. 103-159.

Nelson, W.

1980 *On Justifying Democracy* (London: Routledge & Kegan Paul).

Nie, N. H. and S. Verba

1975 "Political Participation," in F. Greenstein and N. Polsby, Eds., *Handbook of Political Science*, Vol.4, *nongovernmental politics* (MA: Addison-Wesley), pp. 1-74.

Nisbet, R.

1994 "Citizenship: Two Tradition," B. Turner and P. Hamilton, eds., *Citizenship: Critical Concepts*, volume I (New York: Routlege, 1994), pp. 7-23.

Norman, G.

1985 "Review of B. Barber, *Strong Democracy*," *American Political Science Review*, vol. 79: 197.

Oppenheim, F.

1968 *Moral Principles in Political Philosophy* (N.Y.: Random House).

1973 "Facts' and Values' in *Politics: Are They Separable?*" *Political Theory* 1(1): 54-68.

Parenti, M.

1985 "Review of B. Barber, *Strong Democracy*," *Political Science Quarterly*, vol.100: 328-329.

Parry, G.

1995 "Review of B. Barber, *An Aristocracy of Everyone*," *Government and Opposition*, vol. 30: 139-141.

226 ◎ 當代三大民主理論

Pateman, C.
  1970   *Participation and Democratic Theory* (London: Cambridge University Press).
  1978   *Participation and Democratic Theory*, reprinted (N.Y.: Cambridge University Press).
Paul, E., F. Miller, Jr., and J. Paul
  1996   "Introduction," in E. Paul, F. Miller, Jr., and J. Paul, eds., *The Communitarian Challenge to Liberalism* (New York: Cambridge University Press), pp. vii-xiv.
Pennock, J. R.
  1979   *Democratic Political Theory* (Princeton: Princeton University Press).
Perrin, R.
  1994   "Rehabilitating Democratic Theory: The Prospects and the Need," L. Legters, J. Burke, and A. DiQuattro, eds., *Critical Perspectives on Democracy* (Maryland: Rowman & Littlefield), pp.1-20.
Peter, R.
  1977   "Political Theory, Political Science, and the Preface: A Review of Robert A. Dahl: *A Preface to Democratic Theory*," *The Political Science Reviewer* 7: 145-180.
Plant, Raymond
  1991   *Modern Political Thought* (Cambridge, MA: Basil Blackwell).
Pocklington, T.
  1989   "Review of B. Barber, *The Conquest of Politics*," *Canadian Journal of Political Science*, vol.22: 450-451.
Prior, D., J. Stewart and K. Walsh,
  1995   *Citizenship: Rights, Community and Participation* (London: Pitman Publishing).
Pyrcz, G.
  1985   "Review of B. Barber, *Strong Democracy*," *Canadian Journal of Political Science*, pp. 206-208.
Randall, V. and R. Theoball
  1998   *Political Change and Underdevelopment: A Critical Introduction to Third World Politics* (London: Macmillan Press), second edition.
Rawls, John

1972   *A Theory of Justice* (Oxford: Oxford University Press).

1980   "Kantian Constructivism in Moral Theory," *The Journal of Philosophy* 77: 515-572.

1985   "Justice as Fairness: Political not Metaphysical," *Philosophy and Public Affairs* 14(3): 223-251.

Richter Melvin

1980   "Editor's Introduction," in M. Richter (ed.), *Political Theory and Political Education* (N.J.: Princeton University Press).

Rudner, R.

1966   *Philosophy of Social Science* (N.J.: Prentice-Hall).

Salmon, Wesley C.

1963   *Logic* (N.J.: Prentice-Hall).

Sartori, G.

1962   *The Democratic Theory* (Michigan: Wayne State University Press).

1984   "Foreword" in G.Sartori, ed., *Social Science Concepts: A Systematic Analysis* (Beverly Hills: Sage Publications), pp. 9-11.

1987   *The Theory of Democracy Revisited* (New Jersey: Chatham House Publishers).

Scaff, L.

1975   *Participation in the Western Political Tradition: A Study of Theory and Practice* (Arizona: The University of Arizona Press).

Schmitter, P.

1993   "Comment on *The Third Wave*," *The Review of Politics*, vol. 55, pp. 348-351.

Schulman, S.

1998   "Comments on *The Clash of Civilizations and the Remaking of World Order*," *The Journal of Politics*, vol.60, no.1, pp. 304-6.

Schultz, R.

1990   "Review of B. Barber, *The Conquest of Politics*," *Ethics*, vol. 100: 673-676.

Schumpeter, J.

1994   *Capitalism, Socialism, and Democracy* (New York: Routledge, originally published in 1943).

Senghaas, D.

1998　　"A Clash of Civilization-An Idee Fixe?" *Journal of Peace Research*, vol. 35, no.1, pp. 127-132.

Shapiro, I. And G. Reeher

1988　　"Power, Inequality, and Schumpeter's *Challenge: An Introductory Essay*," in I. Shapiro and G. Reeher, eds., *Power, Inequality, and Democratic Politics: Essays in Honor of Robert A. Dahl* (Boulder and London: Westview Press), pp.1-11

Simon, H. A.

1952　　"Comments on *Development of Theory and Democratic Administration*," *American Political Science* Review, XLVI (June): 494-496.

Skinner, Q.

1973　　"The Empirical Theorists of Democracy and Their Critics," *Political Theory* 1: 287-306.

Somit, A. and J. Tanenhaus

1967　　*The Development of American Political Science: From Burgess to Behavioralism* (Boston: Allyn and Bacon).

Steenbergen, B.

1994　　"The Condition of Citizenship: An Introduction," B. Steenbergen, eds., *The condition of Citizenship* (London: Sage, 1994), pp.1-9.

Tucker, D.

1994　　*Essay on Liberalism: Looking Left and Right* (Boston: Kluwer Academic Publishers).

Vanhanen, T.

1997　　*Prospects of Democracy: A Study of 172 Countries* (New York: Routledge).

Veatch, Henry B.

1975　　"The Rational Justification of Moral Principles," *Review of Metaphysics* 29:217-238.

Ventriss, C.

1985　　"Emerging Perspectives on Citizen Participation," *Public Administration Review*, vol. 45: 433-440.

Verba, S. and N. H. Nie

1972　　*Participation in America: Social Equality and Political Democracy*

(New York : Harper & Row).

Verba, S., Bashiruddin Ahmed and Anil Bhalt

    1971   *Caste, Race, and Politics: A Comparative Study of India and the United States.* Beverly Hills (Calif.: Sage Publications, Inc.).

Verba, S., N. H. Nie and Joe-on Kim

    1971   *The Modes of Democratic Participation: A Cross-National Comparison* (California: Sage).

    1978   *Participation and Political Equality: A Seven-Nation Comparison* (N.Y.: Cambridge University Press).

    1980   *Participation and Political Equality: A Seven-Nation Comparison* reprinting (New York: Cambridge University Press).

Waligorski, C.

    1986   "Review of B. Barber, *Strong Democracy*," *The Journal of Politics*, vol. 48: 227-231.

Walker, Jack L.

    1966   "A Critique of the Elitist Theory of Democracy," *American Political Science Review* 60: 285-295.

Walt, S.

    1997   "Building up New Bogeymen," *Foreign Policy*, no.106, pp.176-189.

Weiner, M.

    1966   "Political Participation and Political Development," in Myron Weiner, ed., *Modernization: The Dynamics of Growth* (New York: Basic Books, 1966), pp.223-235.

    1971   "Political Participation: Crisis of the Political Process," in Leonard Binder, J. Coleman, J. Lapalombara, L. Pye, S. Verba, and Weiner, Eds. , *Crisis and Sequences in Political Development* (Princeton: Princeton University Press), pp.159-204.

Weldom, T. D.

    1953   *The Vocabulary of Politics* (N.Y.: Johnson).

Williams, Bernard

    1980   "Political Philosophy and the Analytical Tradition," M. Richter(ed.), *Political Theory and Political Education* (N.J.: Princeton University Press).

Wolfe, A.

1986   "Review of B. Barber, *Strong Democracy*," *Society*, vol. 23: 91-92.

Wolfe, J.

1985   *Workers, Participation, and Democracy* (London: Greenwood Press).

Young, I.

1996   "Political Theory: An Overview," R. Goodin and Hans-Dieter Klingemann, eds., *A New Handbook of Political Science* (Oxford: Oxford University Press, 1996), pp. 479-502.

Zolo, D.

1995   "The Tragedy of Political Science," K. Gavroglu etal. eds., Science, Politics, and Social Practice (MA: Kluwer Academic Publishers, pp.247-265).

文化叢刊
當代三大民主理論

2001年12月初版 　　　　　　　　　　　定價：新臺幣250元
有著作權・翻印必究
Printed in Taiwan.

著　　　者	郭　秋　永	
發　行　人	劉　國　瑞	

出版者　聯　經　出　版　事　業　公　司　　責任編輯　張　怡　菁
臺　北　市　忠　孝　東　路　四　段　５５５　號　　校　　對　蕭　瓊　英
台北發行所地址：台北縣汐止市大同路一段367號　　封面設計　在　地　研　究
　　　　電話：（０２）２６４１８６６１
台北新生門市地址：台北市新生南路三段94號
　　　　電話：（０２）２３６２０３０８
台中門市地址：台中市健行路３２１號Ｂ₁
台中分公司電話：（０４）２２３１２０２３
高雄門市地址：高雄市成功一路363號Ｂ₁
　　　　電話：（０７）２４１２８０２
郵政劃撥帳戶第０１００５５９-３號
郵撥電話：２６４１８６６２
印刷者　雷　射　彩　色　印　刷　公　司

行政院新聞局出版事業登記證局版臺業字第0130號

聯經網址 http://www.udngroup.com.tw/linkingp
　　信箱 e-mail:linkingp@ms9.hinet.net

國家圖書館出版品預行編目資料

當代三大民主理論 / 郭秋永著 .
--初版 . --臺北市：聯經，2001 年（民 90）
240 面；14.8×21 公分 .（文化叢刊）

ISBN　957-08-2299-6(平裝)

1.民主政治

571.6　　　　　　　　　　　　90016278

現代名著譯叢

●本書目定價若有調整，以再版新書版權頁上之定價爲準●

聯經經典

伊利亞圍城記	曹鴻昭譯	250
堂吉訶德(上、下)	楊絳譯	精500
		平400
憂鬱的熱帶	王志明譯	平380
追思錄一蘇格拉底的言行	鄺健行譯	精180
伊尼亞斯逃亡記	曹鴻昭譯	精330
		平250
追憶似水年華(7冊)	李恆基等譯	精2,800
大衛・考勃菲爾(上、下不分售)	思果譯	精700
聖誕歌聲	鄭永孝譯	150
奧德修斯返國記	曹鴻昭譯	200
追憶似水年華筆記本	聯經編輯部	180
柏拉圖理想國	侯健譯	280
通靈者之夢	李明輝譯	精230
		平150
道德底形上學之基礎	李明輝譯	精230
		平150
魔戒（一套共6冊）	張儷等譯	一套
		1680
難解之緣	楊瑛美編譯	250
燈塔行	宋德明譯	250
哈姆雷特	孫大雨譯	380
奧賽羅	孫大雨譯	280
李爾王	孫大雨譯	380
馬克白	孫大雨譯	260
新伊索寓言	黃美惠譯	280
浪漫與沉思：俄國詩歌欣賞	歐茵西譯注	250
海鷗＆萬尼亞舅舅	陳兆麟譯注	200
哈姆雷	彭鏡禧譯注	280
浮士德博士	張靜二譯注	300